新工科 · 立体化 · 课程思政精品教材

常用办公设备
综合应用实践教程

李 丰 莫炎坚 主 编

张 婷 陈腾达 副主编

李 卿 赖兆馨 赵 娟 参 编

电子工业出版社.

Publishing House of Electronics Industry

北京 · BEIJING

内 容 简 介

本书以企业的实际工程实施方案为蓝本，以一名职场新人的职业成长经历为叙述主线，围绕现代信息化办公体系的基本特点，融入信息技术应用创新、绿色低碳、可持续发展等核心理念，引入数字化泛办公的相关实践场景，系统性地介绍了常用信息化办公设备的基础知识及其综合应用实践的相关内容。

本书紧密结合企业实际应用案例，循序渐进地讲解了现代信息化办公体系的发展历程、主要构成和办公环境特点，并根据不同的实践场景详细介绍了相关设备的知识，通过数智化办公综合实践场景，展现现代信息化办公中信息技术应用创新、碳中和、可持续发展等核心理念的科学内涵及实现路径，符合学生从接受知识、消化知识到应用知识、转化知识的认知发展规律。

本书通俗易懂，实践性强，可作为各类院校计算机专业的教材，也可作为社会相关培训机构的教学用书和办公设备爱好者的自学参考用书。

未经许可，不得以任何方式复制或抄袭本书之部分或全部内容。

版权所有，侵权必究。

图书在版编目（CIP）数据

常用办公设备综合应用实践教程 / 李丰，莫炎坚主编 . —北京：电子工业出版社，2023.7

ISBN 978-7-121-45991-7

Ⅰ.①常… Ⅱ.①李… ②莫… Ⅲ.①办公自动化－自动化设备－教材 Ⅳ.① C931.4

中国国家版本馆 CIP 数据核字（2023）第 131839 号

责任编辑：郑小燕

印　　刷：中国电影出版社印刷厂

装　　订：中国电影出版社印刷厂

出版发行：电子工业出版社

　　　　　北京市海淀区万寿路 173 信箱　　　　　　邮编：100036

开　　本：880×1230　　1/16　　印张：12.5　　　　字数：230 千字

版　　次：2023 年 7 月第 1 版

印　　次：2024 年 2 月第 2 次印刷

定　　价：48.00 元

凡所购买电子工业出版社图书有缺损问题，请向购买书店调换。若书店售缺，请与本社发行部联系，联系及邮购电话：（010）88254888，88258888。

质量投诉请发邮件至 zlts@phei.com.cn，盗版侵权举报请发邮件至 dbqq@phei.com.cn。

本书咨询联系方式：（010）88254550，zhengxy@phei.com.cn。

党的二十大报告（以下简称《报告》）明确提出，教育、科技、人才是全面建设社会主义现代化国家的基础性、战略性支撑。必须坚持科技是第一生产力、人才是第一资源、创新是第一动力，深入实施科教兴国战略、人才强国战略、创新驱动发展战略，开辟发展新领域新赛道，不断塑造发展新动能新优势。我们要坚持教育优先发展、科技自立自强、人才引领驱动，加快建设教育强国、科技强国、人才强国，坚持为党育人、为国育才，全面提高人才自主培养质量，着力造就拔尖创新人才，聚天下英才而用之。

本书紧密围绕党的二十大报告中"实施科教兴国战略，强化现代化建设人才支撑"等核心理念，全面贯彻党的科教育人方针，紧跟时代发展步伐，从思想、素养、能力和价值观塑造等多方面入手，培育新时代的高素质专业人才。

本书在整体规划与内容设计方面独具匠心，形成了特色鲜明的知识框架，主要体现在以下几个方面。

1. 彰显思政育人特色

本书坚持党的二十大报告中提出的"育人的根本在于立德"这一教育理论，以现代办公软/硬件应用为基础，面向办公行业，以大格局、大场景、大平台视野回顾历史、审视当下与思考未来，融入中华优秀传统文化，展现中国制造与中国创造的魅力，弘扬爱国主义、家国情怀和民族自豪感。

本书坚持中国视角，力求讲好中国故事、融入中国实践、展示中国成果、贴近中国生活。书中内容紧贴时代发展要求，具有鲜明的思想性、人文性、前瞻性及趣味性。本书内容翔实、条理清晰、风格活跃、可读性强，呈现循序渐进的阶梯式学习路径，能够以广阔的思维空间激发学生的学习兴趣，提升学生的思考与实践能力，并体现德才兼备、德技并修的育人目标，有利于实现思政教育和技能培养的融合统一，落实立德树人的根本任务。

本书通过设置课堂与课外实践研学活动，将实践应用的触角延伸至数字中国、美丽中国、信创可控、碳达峰、碳中和等国家战略建设领域，搭建多层次、多维度的知识框架，既明理增信，又启智赋能，潜移默化地塑造学生的品格、品行与品位，进而建构具有"大办公、大思政"特色的立体型育人体系，不仅可以为学生带来充实、丰富的学习体验，还能够带领学生开启清澄、丰盈的"心灵之旅"。

2. 创新知识体系结构

本书结合企业相关岗位的工作流程，采用师徒制上岗培训形式，由开篇介绍引入，创设 8 个实践场景，将主要知识体系分解为 13 个职业实践项目，并将知识点融入岗位实践过程，可以增强学生的职业代入感，体现岗中授课、课融于岗的岗课结合人才培养特色。

各实践场景设计和职业实践项目设计说明如下。

1）实践场景设计

- 职业情景导入——通过职场人物互动与任务介绍，导入相关业务需要，从而引出对应的某个学习阶段的内容。

- 工作任务分析——简述任务实施的目的及内容，并引入对应的典型工作任务。

- 知识学习目标——指出场景中涉及的基础理论知识的学习目标。

- 能力培养目标——介绍学生学习场景中内容所应具备的基本能力与职业素养（职业观念、职业能力、专业技能、实践应用能力等）。

- 价值塑造目标——指出场景中蕴含的育人价值导向（基本价值观、道德品格、品行素质、品位素养、社会责任观等）。

2）职业实践项目设计

- 项目概述——简要介绍项目的实施内容。

- 项目分析——简要分析项目的实施背景、目标与途径。

- 项目实施——详细讲解项目的分解任务及对应的实施过程。

- 课堂实训——针对具体任务的课堂实践训练，结合课堂内外、线上与线下，让学生进行实践，并设置实训能力评价表，让学生围绕专业技能、职业能力、综合素养、品德认知、信息社会责任观等进行自我评价及相互评价。

3. 内容紧跟时代前沿

本书以信息化办公和信息技术应用创新（信创）领域的代表性科技企业的相关案例为蓝本，对接办公类岗位群能力素质要求，创设具有新理念的实践场景，选取目前新型办公自动化及智能化系统产品，展示具备中国特色的国产化应用成果，侧重学生创新意识与创新能力的培养，全方位地开展办公软/硬件工程技术教学与探究实践，助力建设创新型国家。

本书高度契合党的二十大报告中提出的"推动绿色发展，促进人与自然和谐共生"远景目标，认真落实《中共中央 国务院关于完整准确全面贯彻新发展理念做好碳达峰碳中和工作的意见》中的决策部署，紧密围绕教育部《绿色低碳发展国民教育体系建设实施方案》中有关"将绿色低碳发展融入教育教学"的具体要求，以丰富的活动倡导绿色低碳、节能环保的生产和生活理念，以生动的案例推动现代信息化办公方式的绿色转型，建立基于现代信息化办公应用，覆盖气候、能源、粮食、建筑等领域的核心知识体系，探索"课程＋双碳"融合贯通的教学模式，在理论知识学习、任务实施设计、技能实训设计、考核评价设计、课后实践活动等环节，全过程融入并践行节约、节能、低碳、环保等绿色发展理念，符合人与自然和谐共生的中国式现代化建设要求，体现了知识的时代性与视野的前沿性。

4. 风格活跃，趣味性强

本书站在学生的角度，运用通俗易懂的语言来描述专业性的概念、原理、类型及实现过程，并采用故事性的叙述手法来组织与编写各项目的内容，如同一本科普类的故事书，语言简明、连贯、得体，可读性强。另外，本书还介绍了相关办公设备未来需要实现或者已经实现的前沿技术，可以帮助学生了解办公行业的一些新潮、有趣、酷炫的科技成果，从而激发学生对办公设备课程的兴趣和好奇心。

5. 融合课堂内外，探究实践

本书融合了课堂内外的活动环境，鼓励学生开展自主式学习与探究式实践。在本书被用作教材时，建议授课课时不少于64课时（含拓展教学与实践活动课时）。教师可以根据实际情况和教学需要灵活调整课时。本书同样适合学生进行课后自学、兴趣拓展和独立实践，有助于提高学生的自主学习能力。

本书建议授课课时分配如下表所示。

项目／实践活动名称	授课课时	实操课时	能力考查
职业实践项目1　走进现代信息化办公世界	4	按需分配	参考实训能力评价表
职业实践项目2　初探现代信息化办公环境	4	按需分配	参考实训能力评价表
职业实践项目3　熟悉办公信息处理设备	6	按需分配	参考实训能力评价表
职业实践项目4　保障办公信息处理效率	4	按需分配	参考实训能力评价表
职业实践项目5　熟悉办公打印设备	6	按需分配	参考实训能力评价表
职业实践项目6　熟悉办公复制设备	6	按需分配	参考实训能力评价表
职业实践项目7　熟悉影音交流设备	4	按需分配	参考实训能力评价表
职业实践项目8　熟悉互动展示设备	2	按需分配	参考实训能力评价表
职业实践项目9　熟悉影像摄制设备	2	按需分配	参考实训能力评价表
职业实践项目10　熟悉移动存储设备	4	按需分配	参考实训能力评价表
职业实践项目11　熟悉光存储设备	4	按需分配	参考实训能力评价表
职业实践项目12　熟悉办公安全保障设备	4	按需分配	参考实训能力评价表

续表

项目／实践活动名称	授课课时	实操课时	能力考查
职业实践项目 13　搭建数智化办公业务系统	4	按需分配	参考实训能力评价表
"大办公、大思政"课程主题实践活动方案	10	按需分配	参考实践活动方案

6. 打造校际与校企"双元"教材建设模式

本书由李丰、莫炎坚担任主编，张婷、陈腾达担任副主编，李卿、赖兆磐、赵娟参与课程教研、教材设计与资源制作，共同推进核心知识体系与中高职育人方向的深度融合。

本书的编写得到了联想集团有限公司华南大区经理吴洋、联想开天科技有限公司华南大区总经理林培磊等多家 IT 企业相关负责人和技术工程师的支持，在此表示衷心感谢。编委会与企业专家共同推进课程教材体系及资源建设，构建道德品质与职业素质相融合的校企育人渠道，彰显计算机专业人才培养特色。

7. 配置多样电子资源，助力实施分层教学

本书配有电子教学参考资料包，包括 PPT 课件、电子教案、教学指南、操作视频、习题库、最新产品图片、技能大赛方案及题库、国家职业技能标准、典型企业岗位招聘要求汇编、期末考试样卷和参考答案等。如有需要，读者可登录华信教育资源网免费下载相关电子资源。

此外，本书还提供了多个延伸阅读和电子活页章节，设置选学内容（带★标识）与选做练习（带▲标识），方便教师根据培养需要实施分层教学，并能因材、因地施教，开展实践训练，从而拓展学生的知识层次，延伸其学习路径。

由于编者能力有限，加上办公自动化行业发展迅速，书中难免存在疏漏和不足之处，恳请读者提出宝贵建议。编者的 E-mail：stephenli06@126.com。

本书在编写过程中参考了联想、京东、太平洋电脑网、中关村在线、天极网、盛拓优讯 IT168 等官方网站的开放资源和信息，在此一并表示感谢。

编　者

2023 年 5 月

CONTENTS **目录**

常用办公设备综合应用实践教程
开篇介绍

　　小燕是某职业院校计算机专业的学生，毕业后在当地一家企业入职，担任信息部技术文员职务。考虑到小燕的实际情况及相关的岗位要求，部门主管老张决定采用师徒制的培养方式，在小燕上班的第一天对其进行岗前培训。

老张　　你好啊小燕，欢迎你的到来！我姓张，负责信息部的运营管理、技术支持和业务培训等工作，以后咱们会一起工作。

小燕　　您好！很高兴加入咱们公司，还请您多多指教！

老张　　客气了。我先介绍一下基本情况。你的职务是技术文员，主要负责处理各种公文和资料，管理公司相关的信息设施、数字资产和业务平台，同时为各个部门提供信息技术支持服务，包括计算机、办公设备、通信设备及业务系统等软/硬件维护，通过技术与管理手段提升公司整体数字化、智能化水平，为公司的长远发展创造价值。清楚了吗？

小燕　　嗯，清楚了！

老张　　信息部的员工不仅要有扎实的专业基础，还要养成精益求精、勇于探索和不断钻研的职业精神，充分发挥团队合作和外部资源的作用，运用多种方法解决问题。此外，一名优秀的员工还应该具备良好的服务意识，学会和不同的服务对象进行沟通与交流，善于化解工作压力，保持良好的职业状态。

小燕　　看起来，我与岗位要求还有很大的差距呀！

老张　　呵呵，不用担心！我了解到你已具备一定的计算机操作管理技能，逻辑思维与沟通能力也不错，但办公设备的使用及信息化技术的运用能力尚有欠缺。因此，我为你拟定了一份岗前培训方案，并将在工作过程中培养你的综合能力，相信你很快就能独立上岗开展工作。

小燕　　好的！我一定会认真学习，努力工作，不辜负您对我的期望！

现代信息化办公初体验场景

职业情景导入

　　在介绍完公司和岗位的基本情况后，老张带着小燕参观公司的各个工作区域，边走边介绍公司的办公环境和业务流程，帮助小燕熟悉现代信息化办公的基本特点、处理办公事务所需的软 / 硬件设施，以及从事现代信息化办公工作的相关要求。

工作任务分析

　　本单元通过简要介绍现代信息化办公体系的基本特点和发展历程，引导学生熟悉现代信息化办公体系的主要构成，了解现代办公环境安全管理要求，规划现代办公职业发展，培养学生良好的精神品格、职业素养与身心素质，同时，让学生管中窥豹，了解现代信息化办公领域的发展趋势。

知识学习目标

- 了解现代信息化办公体系的基本特点
- 熟悉现代信息化办公体系的主要构成
- 理解智慧型办公及职业健康的发展理念

能力培养目标

- 能够上网查找主流的信息化办公产品
- 能够根据自身情况调整身体与心理状态
- 能够结合实际运用现代信息化办公模式

价值塑造目标

- 培养不断探索的科学精神和创新观念
- 培养良好的职业品行与身心健康意识
- 涵养积极、乐观、阳光、向善的精神品格

实践场景一
现代信息化办公初体验场景

项目概述

本项目主要介绍现代信息化办公体系的基本特点、发展历程、发展趋势以及现代信息化办公体系构成，使学生对现代信息化办公体系有一个总体性、直观性的认知，同时拓宽其现代信息化办公领域的视野，激发学生学习办公设备相关知识的兴趣。

项目分析

本项目从企业生产经营数字化、智能化管理与应用需要入手，剖析构成现代信息化办公体系的基本要素，并通过混合式办公的发展历程引出未来办公理念的融合变革方向，展现信息化办公的内蕴特征。

项目实施

任务1　初识现代信息化办公体系

1. 办公形态：从手工作业到自动处理的演变

所谓"办公"，通常泛指处理公共或集体事务的各种活动。办公是一项历史悠久的社会性活动。自古以来，上至国家政务，下至商业经营，人们通过有意识、有组织地处理各类"公家"事务，直接或间接地推动着社会经济的持续发展。

办公需要借助相应的工具和场所，采用一定的方式进行书写、记录、讨论、批示、整理、存储、分发、运输、执行等一系列工作，且往往需要与相关人员合作完成。随着时代的变迁，办公自身的形态也在发生变化，尤其在办公工具、办公场所、办公方式和办公协作等方面，不断进化的办公形态使得人类文明愈发强大。

在古代的办公活动中，人们主要使用毛笔（或鹅毛笔）、简牍、纸张、绢帛、算盘等工具，通过手抄笔录、人工计算、马车传递等方式处理公务，不仅费时、费力、效率低下，沟通协作与信息传递也颇为不便。据《史记》记载，东方朔曾写信向汉武帝推荐自己，其内容共用了3000多片竹简，需要两人抬着送进宫里。图1-1所示为古代的竹简，图1-2所示为影视剧中呈现的古代中央机构办公会议场景。

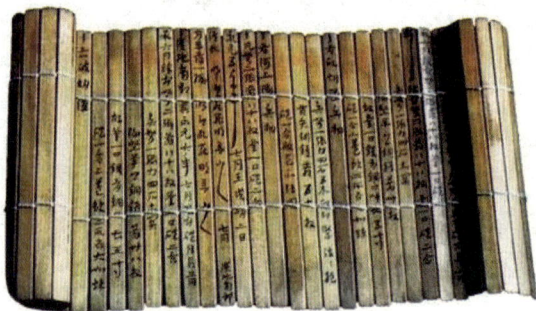

图1-1　古代的竹简　　　　图1-2　影视剧中呈现的古代中央机构办公会议场景

办公小故事1

我国古代典型的办公文具

到了近代，人类社会工业化、电气化的深入推进使办公形态发生了巨大的变化。人们将办公视为生产的延伸，将办公事务设计成具备流程化、条理化、标准化特点的一系列工作任务，将办公场所、办公方式（如书写记录、通信传递与团队协作等）与生产过程紧密结合，并形成一套高效的管理制度，大大提高了生产效率。

随着经济与科技的高速发展，办公事务越来越复杂，对时效性的要求也越来越高。为了解放办公人员的双手，让他们更好地服务于生产价值的创造，大型企业于20世纪50年代开始将信息化理念引入企业管理体系，使用信息技术和电子设备辅助处理办公事务，并重新设计了办公流程和办公空间，逐步实现办公过程信息化和事务操作自动化，标志着信息化办公时代的到来。

　　图 1-3 所示为早期的企业办公区，由可以随意组合的隔板和办公桌组成。员工使用多种自动化设备开展工作，并以电子信息的形式呈现办公业务。这可以被视作现代信息化办公的雏形。

图 1-3　早期的企业办公区

2. 办公自动化：信息社会高效互联的引擎

　　信息化的普及不仅深刻地改变了办公形态，还催生了一个新的行业——办公自动化。办公自动化（Office Automation，OA）是将办公事务与信息技术相结合的一种现代化办公方式，旨在充分利用各种信息与技术资源，尽可能地提高办公效率和办公质量，改善办公环境，缩短办公处理周期，以创造更高的经营效益。

　　办公自动化是信息社会的重要组成，也是提升现代国家信息化与现代企业信息化水平的一个关键因素。改革开放以来，随着科学技术生产力地位的确立，我国开始加快信息技术研发与信息化应用建设进程，至今主要经历了 4 个发展阶段。表 1-1 所示为我国办公自动化建设的发展历程。

表 1-1　我国办公自动化建设的发展历程

发展阶段	历史时期	代表性事件	发展特点
起步阶段	20 世纪 80 年代初期至中期	成立国务院电子振兴领导小组，建立信息化管理机制，为信息化应用建设奠定基础。1985 年，我国首次召开办公自动化规划会议，正式推进信息化办公基础设施建设	起步阶段主要是学习与吸收国外相关理念和经验，探索适合我国国情的信息化办公管理机制和运作模式，并试点开发具有中国特色的办公自动化软件
应用阶段	20 世纪 80 年代中期至 90 年代初期	成立国家经济信息管理领导小组，统筹开展经济领域的信息化研究与推广工作，我国信息化应用开始迅速发展	在前期探索经验的基础上，不断改进办公自动化软件，并在全国推广与应用，同时对全国通信网络进行大规模改造，着手推进信息化工程领域的相关标准建设工作

续表

发展阶段	历史时期	代表性事件	发展特点
成熟阶段	20世纪90年代初期至21世纪中期	组建国家信息化领导小组，在社会经济领域全面推进信息技术开发、信息化工程和网络信息安全管理等工作，我国信息化应用走向成熟	随着网络技术的迅速发展，办公自动化软件逐渐普及，应用越来越广泛，信息化办公开始转向工作流管理，人们的工作也不再受地域和时间的限制，社会运转和组织管理更加高效
深耕阶段	21世纪初期至今	组建中央网络安全和信息化领导小组，后升级为中共中央网络安全和信息化委员会，推进国家信息化、数字中国、数字经济、数字乡村、全民数字素养、IPv6部署等重大信息化领域建设	智能化、数字化技术的出现使得信息化应用向更多的行业和更深的领域拓展，并将办公自动化延伸到移动端、云计算、物联网、虚拟仿真等先进领域，我国信息化办公正朝着全域应用方向迈进

办公小故事 2
我国信息化建设领导体制的发展和演变

图 1-4 所示为一个高度数字化的开放式办公场景。员工使用多屏计算机开展日常工作。中间屏幕通常用来处理主要的工作任务（如编辑文档、设计制图、编写代码等），两边的屏幕可以处理辅助性的办公事务（如电子邮件收发、即时消息显示、程序输出等）。另外，员工可以将工作内容同步显示到墙上的会议屏中以方便团队交流与讨论。开放式空间还有助于员工进行社交互动和沟通协作，在增进员工感情的同时，提高其工作效率。

图 1-4　高度数字化的开放式办公场景

3．混合式办公：现代信息化办公的融合变革方向

从某种意义上来说，人类文明的进化史其实就是一部公共事务处理模式的进化史，而办公理念的进化，则源自人们对提高办公效率、简化办公方式与降低办公成本的不

倦追求。办公人员希望能够不被某个固定的工作场所束缚，从而更加方便地和他人进行沟通与交流，一起完成工作，并兼顾家庭生活和私人事务。在此背景下，公务处理与个人生活相互融合的混合式办公理念应运而生，并在漫长的历史演变中不断发展与成熟。

1）古代的混合式办公方式

早在战国及秦汉时期便有了混合式办公的雏形。公务人员除定期参加中央行政办公会议，或者集中在朝廷职能部门、地方行政机构进行办公外，还经常在自家府邸处理公务。而在民间社会，办公方式则更加灵活，如药店、布匹店、杂货店等具有商住一体化特色的中国传统店铺，很多都会设置办公场所，具有开单、结算、商务洽谈和资料整理的作用，既降低了办公运作成本，又提高了业务经营效率，促进了混合式办公理念的发展。图 1-5 所示为带办公桌的传统中医馆。

图 1-5　带办公桌的传统中医馆

2）新时代背景下的混合式办公模式

仅在短短的几年时间里，远程工作便迅速发展为一种现象级的办公新模式，凭借自身更加灵活的工作时间、更加独立的工作方式和更加安全的社交距离，得到众多组织和办公人员的欢迎。在此基础上，融合新一代网络技术的混合式办公模式已经初步发展成型，并开始深度改变人们的办公体验。互联网科技企业率先实施线上与线下相结合的混合式办公制度。在这种制度下，人们既可以在企业或户外办公，又可以在家里通过互联网远程办公，以类似"独立顾问"的形式完成任务。

图 1-6 所示为一个线上远程办公场景，不同地点的办公人员通过网络视频进行业务沟通，并处理相关的工作事务。

图1-6　线上远程办公场景

3）未来社会的混合式办公形态

随着时代的发展，混合式办公逐渐成为人类社会生活的新常态，员工之间也更多地转向虚拟化接触。在人工智能、边缘计算、区块链、扩展现实、数字孪生等先进技术的支持下，人类社会经济活动正在"沉入"虚拟信息空间，并按照真实世界的规则构建相同的数字世界。元宇宙在此背景下应运而生，其兴起极大地推动了数字化和智能化的信息融合，而基于元宇宙的沉浸式虚拟办公也开始得到企业的青睐，有望重新定义混合式办公模式。

图1-7所示为基于元宇宙技术的沉浸式虚拟办公场景。企业可以在元宇宙中搭建映射真实环境的虚拟办公场所。现实世界中的每一位员工都可以在元宇宙中拥有一个或者多个虚拟身份（卡通形象），其日常工作与真实环境没有什么区别。元宇宙允许世界各地的用户加入同一个工作场景，以此建立各种虚拟企业、虚拟社区及虚拟城市，并与真实世界保持无缝连接及虚实切换，最终形成全球性的办公协作联动空间。

图1-7　基于元宇宙的沉浸式虚拟办公场景

办公小故事3

人类办公理念的简要变革历程

4. 现代信息化办公的发展趋势

目前，现代信息化办公已成为覆盖数值运算、网络通信、多媒体识别、人工智能及职业心理等多个领域的一个综合体系。随着计算机技术、通信技术、系统科学和行为科学等支撑学科的不断进步，信息化办公的未来发展也体现出以下几个特点。

1）办公事务数字化与集成化

在未来的办公活动中，随着多媒体技术、虚拟仿真技术的深度集成，日常办公事务将广泛实现数字化转换，数据、文字、图像、语音及视频等各种信息形式都能融入办公流程，融合为一个统一的数字化办公平台，并高度支持人们通过视觉、听觉、触觉、味觉、嗅觉等获取及处理信息。

2）办公环境网络化与虚拟化

基于物联网、5G通信、智能云计算等重要技术的发展，先进、完备的办公自动化系统将无缝连接不同职业环境的人员与设备，构建一个全球性的高速办公网络，办公事务的处理过程也将大大简化。此外，随着区块链、混合现实、扩展现实、数字孪生和元宇宙技术的发展与不断成熟，构建于虚实环境混合仿真及虚拟城市之上的沉浸式办公场景将会成为广大员工喜闻乐见的工作形态。

3）办公操作无纸化与智能化

数字化和网络化的全面普及，使得企业日常事务性工作的开展不再依赖于纸质媒介，以"无纸化"为核心的高效、低碳、环保等绿色办理念将广受社会推崇。而一些办公流程和工作内容相对稳定的场合则会大量利用人工智能技术进行辅助处理，并利用此项技术进行企业经营决策、产品设计、业务考核，以及职业情感心理分析和心理辅导干预等复杂的职场活动。

4）办公业务人性化与生活化

未来，无所不在的网络将使工作变得如同日常生活一样自然，办公也将成为人类数字生活中的一部分。人们可以选择在合适的时间（如晨跑后）与方便的地点（如超市中），使用智能终端设备（如手机、车载触控屏）快捷地完成工作，还可以将整个办公室搬进虚拟空间，享受沉浸式的全真体验——在虚拟世界中完成与真实世界一样的工作任务，或者实现在办公室走廊的偶遇、交流甚至"八卦"分享等。

办公小故事 4

我国数字政府的建设前景

任务2　初探现代信息化办公体系构成

现代信息化办公是一个复杂且处于变化之中的体系，它以人的需求为核心，随着人们管理思维、工作习惯的变化及科学技术的发展而改变。但总体而言，构建现代信息化办公体系通常需要具备以下3类基本要素。

1. 办公硬件系统

办公硬件系统是指能够独立完成某一领域办公业务的硬件设备，包括办公计算类设备、文档处理类设备、影像摄制类设备、数据存储类设备、办公安防类设备、虚拟仿真类设备、智能终端类设备等。很多办公设备既可以单机使用，也可以通过网络进行远程共享操作，甚至一些设备还能连接现实与虚拟环境，实现虚拟办公。图1-8所示为一些常见的办公设备。

办公一体机	传真机	扫描仪
平板电脑	投影机	喷墨打印机

图1-8　常见的办公设备

2. 办公软件系统

办公软件系统是指能够辅助人们处理各类办公事务的应用软件，包括文档处理软件、电子表格编辑软件、幻灯片演示软件、表单处理软件、电子邮件管理软件、数据库管理软件、团队协作软件等。

软件提供商通常会把多种办公软件整合成产品包，以便用户快速安装和批量部署这些软件，如金山公司的WPS Office软件、微软公司的Microsoft Office软件等。此外，不少办公软件还会以线上共享的方式提供服务，这种方式不仅免除了软件的安装，还能让世界各地的用户进行在线数据录入、同步编辑、实时分析和协作共享，如腾讯文档、

WPS 云文档、问卷星等。图 1-9 所示为常用办公软件界面。

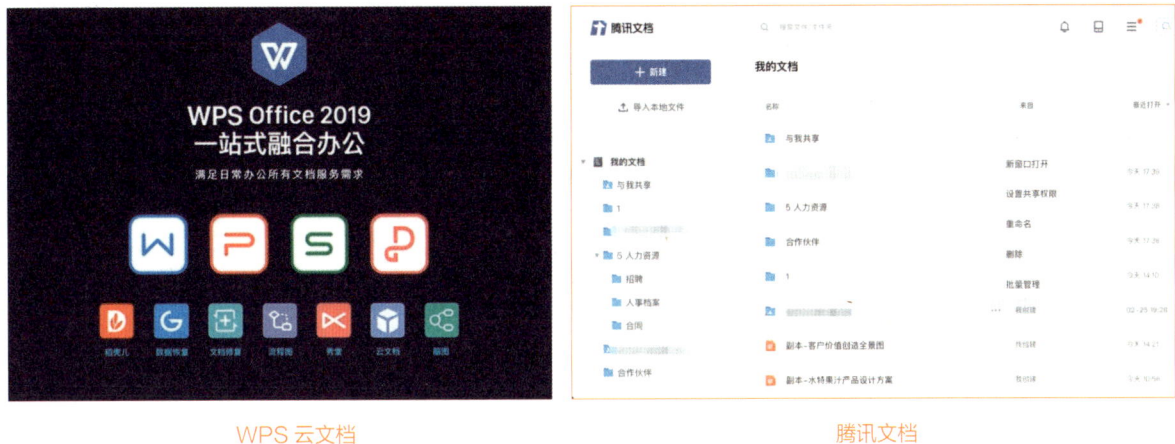

WPS 云文档　　　　　　　　　　腾讯文档

图 1-9　常用办公软件界面

3．办公通信系统

办公通信系统是指能够满足对外沟通、共享、分发、协作和传输等办公要求的网络通信设施，包括网络连接设备、网络通信介质、网络通信协议及相关技术。常用的网络通信设备有路由器、交换机、集线器、网卡、网桥、调制解调器等，可以通过有线或无线方式连接台式计算机、笔记本电脑、智能手机、智能电视、数字机顶盒等各类智能终端设备。图 1-10 所示为信息化办公常用的联网通信设备。

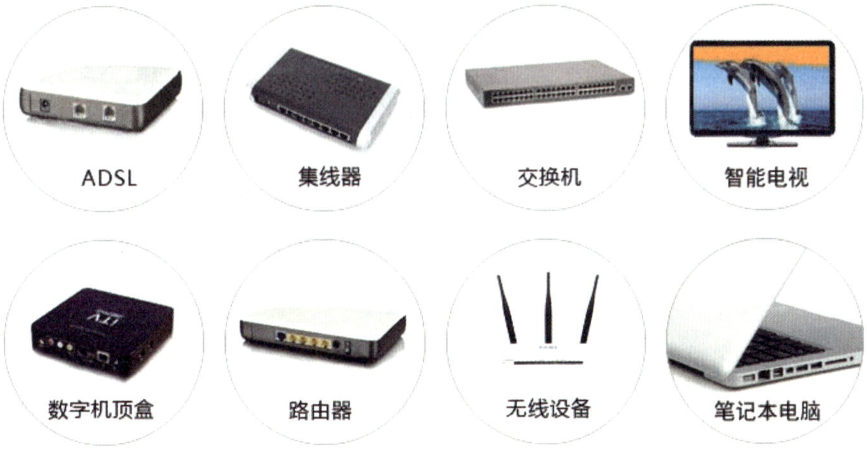

图 1-10　信息化办公常用的网络通信设备

图 1-11 和图 1-12 所示为当前较为流行的现代信息化办公场景。其中，图 1-11 所示为员工在咖啡馆进行移动办公；图 1-12 所示为运用 AR 技术的云智一体式会议。笔记本电脑、平板电脑、智能手机、虚拟仿真类设备已普遍接入云端应用平台，用于实现设备之间的信息同步和无缝切换，还可以搭建虚拟场景完成模型设计、产品测试、仿真效果体验及智能化会议等工作，打破了传统办公在时间、空间及处理方式上的限制。

图 1-11　员工在咖啡馆进行移动办公 　　图 1-12　运用 AR 技术的云智一体式会议

课堂实训　　　　　　　　　　　　熟悉现代信息化办公环境

通过本实训任务，学生可以结合实际条件，熟悉学校的信息化办公环境，便于其直观了解现代信息化办公体系，为后续深入学习办公软/硬件知识打下基础。

【操作步骤】

（1）利用实训机房或智能手机，上网查找当前主流的办公设备和办公自动化软件（选取其中具有代表性的产品即可），了解其基本的功能特性。

（2）由任课老师带领学生参观学校内的部分办公室，了解学校所用办公设备、办公平台，以及办公室的布局设计，熟悉本校办公业务的基本流程、工作内容及相关能力要求。如果条件不允许，则可以由任课老师提前准备相关资料（如收集图片、录制视频等），在班级中进行展示和介绍，便于学生获得直观印象。

【小组讨论】

（1）本校师生是否已开展过线上课程（或培训）、云端考勤、远程会议、混合式办公等学习活动？开展的效果如何？此类活动有何优点和不足？

（2）所在学校是否已在一定程度上实现了无纸化办公？目前的办公方式是否有利于践行绿色低碳、节能环保的可持续发展理念？

【能力评价】

实训结束，完成下面实训能力评价表的填写。

"熟悉现代信息化办公环境"实训能力评价表

实训任务	检查点	完成情况	出现的问题及解决措施
熟悉现代信息化办公环境	★ 能够辨识当前主流的办公设备和办公自动化软件	□完成　□未完成	
	★ 了解学校相关的办公环境和办公业务，初步形成对现代信息化办公的直观认知	□完成　□未完成	
	★ 通过访问主流电子商务或电子政务网站，了解我国在信息化应用领域的发展水平	□完成　□未完成	
	★ 熟悉线上课程（或会议、培训、考试、教务管理等），体验云端信息化工作方式	□完成　□未完成	
	★ 学会合理使用台式计算机、笔记本电脑和智能手机等设备，能够利用设备查阅所需信息，提升信息素养与探究学习能力	□完成　□未完成	
	★ 通过实训初步养成数字办公、绿色环保的思维认知	□达标　□未达标	

前沿动态　**元宇宙——未来世界初成长** //////////////////////////////

不经意间，元宇宙已悄悄出现在人们的面前。此项技术虚中有实，真假融合，功能强大，游戏、社交、商业、办公无所不包。

思考与实践

1．人类办公经历了几次历史性的变革？每个发展阶段有什么显著特征？

2．现代信息化办公体系通常由哪几部分组成？

3．办公自动化主要有哪些特点？

4．与传统办公方式相比，混合式办公有什么优点？

5．现代信息化办公将朝着哪些方向发展？

6．我国有哪些优秀的国产办公自动化软件？你使用过哪几种？

7．人工智能、虚拟仿真、元宇宙等新技术和新理念的广泛应用会怎样影响人们的办公方式？

职业实践项目 2 初探现代信息化办公环境

☑ 项目概述

本项目主要介绍现代信息化办公（以下简称现代办公）环境安全管理要求和职业发展规划，帮助学生熟悉办公环境用电安全管理和办公操作安全管理方面的知识，学会调适并保持良好的学习与工作状态，通过有计划、有重点地培养学生的职业兴趣，锻造职业品德，提升职业能力，让其能够初步规划未来的职业发展路径。

⊙ 项目分析

本项目从职业安全管理的角度剖析现代办公环境中的从业安全和职业发展特点，为未来的信息化办公职业选择提供参考建议，便于学生更好地熟悉该行业的相关要求，并促进其良好职业行为规范的形成，以及积极心理、健康素质的养成。

➡ 项目实施

任务 1 了解现代办公环境安全管理要求

作为办公人员主要的工作场所，办公区域的环境不仅会影响人们的工作状态、工作效率与产出效益，还可能对办公人员自身产生各种潜在的安全影响。

1. 办公用电安全管理

办公设备属于常用电器中的一种类型，通常使用电压值为 220V 的单相交流电。由于在工作过程中存在由电流、电压、静电和电磁场等因素引起的电气安全性风险，因此需要做好办公用电安全管理的相关工作。

1）触电、漏电防护

触电和漏电事故大多是由外部电压或电流异常、气候潮湿或干燥、输电线路受损或外露、设备质量问题、零部件老化及人为操作不当等状况引起的，在使用办公设备时应注意以下安全事项。

（1）同一个供电插座或电源转换器（即插线板、插排）不可连接过多电器设备，也不能使用大功率电器，避免由于电源转换器用电超载而发热失火。如果发现办公设备或供电插座出现异常响声、气味、火光等，则需立即断开电源，根据具体情况检查或报修。

图 2-1 所示为电源转换器过度使用的情形；图 2-2 所示为电源转换器因供电超载而导致失火的情形。

图 2-1　电源转换器过度使用

图 2-2　电源转换器因供电超载而导致失火

（2）在为智能终端设备及其他移动设备充电时，充电时间不宜过长（尽量不超过6h），电量充满后应及时拔掉充电器。

（3）不要随意私拉、乱接电线，不可随意摆放非固定电源转换器或延长使用的电源转换器，应尽量将其放在不易触碰的地方，并避开人行通道，在附近位置放置提示标识。

（4）办公设备及周围要保持干燥、整洁，不可在设备上放置易燃物或水、饮料等易导电物品。在清洁设备时应使用干净抹布或专用清洁剂，避免水浸入设备。

（5）在遭遇雷雨天气、下班后或长时间不使用办公设备时，应及时关闭办公设备的电源。

2）电磁辐射防护

办公设备在通电后都会产生一定量的电磁波，正常范围内的电磁辐射对人体的影响并不大，但对于长期使用设备的人员，电磁辐射会对他们的身体健康产生影响。对此，可以采用多种方法降低此影响。

（1）办公工位不要摆放过多或功率较大的电器设备，设备应和办公人员保持一定距离（建议在 50cm 以上），同时尽量避免将设备的背面朝向其他人员。

（2）室内不宜放置多余的金属物品，以免形成电磁波反射。为了吸收电磁波，可以在计算机、打印机等办公设备附近放置几瓶水（塑料瓶或玻璃瓶）。

（3）保持室内通风，可以在频繁使用的电器设备旁边摆放仙人球等绿色植物，在长时间使用设备后，可以用清水洗手、洗脸。

（4）如果办公人员需要长期处于电子设备和电磁辐射环境中，则可以使用防护墙纸、防护透明膜、防护胎宝围裙、电磁辐射防护屏等辅助工具来降低电磁辐射的影响。

（5）办公人员需要加强运动，增强体质，工作之余可适当喝绿茶，多吃富含维生素B的食物，以提高机体抵御电磁辐射污染的能力。

3）静电损害防护

静电是自然界中普遍存在的物理现象。静电的产生具有隐蔽性、潜伏性、随机性和复杂性等特点，难以预测，且危害很大，是各类电子元器件的头号"杀手"。日常办公过程中，办公人员应养成基本的静电防护意识。

（1）在气候干燥的季节，可以通过放置水盆、加湿器或使用空调加湿来增加室内的湿度，降低静电密度。

（2）在放置大型电器设备或设备集中使用的场所，应设置专门的接地导电、静电屏蔽或静电中和装置，也可以铺设防静电地板。

（3）办公人员应尽量避免直接用手触摸设备的电路板、电子元器件等敏感区域。如果确实有接触这些敏感区域的需要，则建议佩戴防静电手套或防静电手环，也可以通过洗手来消除静电。图2-3所示为办公人员佩戴防静电手环检测电子设备。

图2-3　办公人员佩戴防静电手环检测电子设备

2．办公操作安全管理

办公人员在日常工作中需要经常使用各类办公产品，并与办公设施、设备相接触，如果使用操作不当，则有可能导致安全问题发生，因此需要注意规范性和安全性的相关要求。

（1）办公室的设施、设备应摆放整齐，各种杂物应归纳放置，不能占用人行通道、楼梯、消防出口等区域。针对容易坠落或容易将人绊倒的物品，应及时清理或挪走。

（2）搬运电器设备或办公物品时应轻拿轻放，妥善放置，不能随意放在高处。

（3）在使用和维护、维修办公设备时，需要遵循产品操作规范及企业安全管理规定，做好个人安全防护，在操作前应关闭电闸或切断电源。

（4）不可使用蛮力操作办公设备，避免带电安装和拆卸零部件，如果手处于湿润状态，则不能直接触摸带电设备。

（5）使用电器设备时应注意防水、防潮、防意外触摸，确保人身和线路安全。办公人员在下班之前，应先检查电器设备的工作状态，然后关闭设备并切断电源。

★**职场小贴士**　　办公室安全隐患注意事项

办公室并非一个百分之百安全的场所，办公文具、桌椅、插座、线缆、杂物、器具、文件柜和电气设备等物品都有可能存在安全隐患。图 2-4 所示为一个常见的存在安全隐患的办公场景，你能辨别这些隐患吗？

图 2-4　常见的存在安全隐患的办公场景

【知识窗——8S 管理】

任务 2　现代办公职业发展规划

不积跬步，无以至千里；不积小流，无以成江海。面对琐碎、繁复的工作内容和较大的工作压力，办公人员需要着眼于现实，聚焦于未来，具备良好的职业精神和扎实的职业技能，才能在平凡的岗位上创造出更高的职业价值。

现代办公职业发展包括心理健康发展和职业能力发展两方面内容。

1. 心理健康发展

在现代办公职业活动中，不同的人对自己从事的工作往往会产生不同的感受和看法，这些感受和看法在长期的职场熏陶下会逐步内化成职业心理特性，进而影响外在的职业行为。因此，学会主动调整身心状态，适应内部环境和外部环境的变化，将对自身的职业发展产生积极、健康的推动作用。

以下为对职业状态进行调整的几个建议。

（1）正视负面情绪。

对自己的职业状态保持必要的觉察意识，当职业工作出现一些波动或挫折时，能够洞察并正视随之引起的负面情绪反应，乐观看待一时的成败与得失。人生的起伏往往是相对的，只要坚守初心，踽步踏歌，眼前的低谷或许就是下一次攀升的起点。

（2）适当缓解压力。

身处压力重重的职场环境中，办公人员需要保持积极、乐观的心态，对自己的能力与努力始终持有信心，并适当通过阅读、交友、运动、娱乐、进修等方式缓解压力。

（3）善于沟通与合作。

能够向不同的对象准确、恰当地表达自己的看法，为自己争取必要的支持。勇于交流、善于合作，灵活运用团队资源，使职业工作的开展更加得心应手。

（4）主动学习并提升。

能从以往的工作经历和他人的经验中汲取有益的营养，紧跟行业发展趋势，多方面锻炼职业能力，持之以恒，厚积薄发，牢牢抓住合适的机会，充分展示与发展自我。

（5）发挥自身价值。

无论从事何种职业，都应该接纳自己的工作，肯定自己的努力，认识和挖掘自己的优势，并确立可行的发展目标，同时，根据外部的变化适时调整职业期望，在不同的职业环境中充分发挥自身的价值。

2．职业能力发展

在追求快节奏、高效率的现代社会中，信息化办公已泛化为一种通用型职业能力，普遍应用于各行各业、企业的岗位工作中，对办公人员的专业技能（"硬"能力）和职场技能（"软"能力）也提出了更高的要求。

下面列举某大型人才招聘网站中办公类岗位的部分共性要求，可以为学生提供帮助，让其在参与工作后更好地规划和提升相应的职业能力。

（1）熟练使用办公自动化软件（特别是 Word、Excel、PowerPoint 等），熟悉计算机辅助设计类软件（如 Photoshop 等），掌握基本的网络知识。

（2）乐观开朗，服务意识强，具有敬业精神，工作认真，诚实守信。

（3）具有热忱的工作态度、良好的团队协作能力和强烈的合作精神。

（4）具有良好的人际交往能力、沟通能力、计划能力与执行能力。

（5）具有良好的职场适应能力，服从上级安排，能在压力之下开展工作。

（6）熟悉办公行政管理知识及工作流程，熟悉公文写作格式。

（7）能完成文件表单的起草、打印、复印、扫描、分发、登记和管理等工作。

（8）能负责办公区域的环境维护，保障办公类设备的正常运转。

（9）有较强的学习能力和进取意识，愿意在工作中不断提升自己。

办公小故事5
国内外职业健康安全管理标准化的发展历程

课堂实训　体验和规划现代办公职业发展

本实训任务将教室、实训机房等教学场所模拟成办公室，将学生模拟成办公人员，让学生以企业员工的身份体验职业环境和职业特点，增强学生的职业代入感，帮助学生初步规划未来的办公职业发展。

【操作步骤】

（1）观察模拟办公室（教室或实训室），指出模拟办公室内是否存在环境差、容易触电、易燃易爆、积水湿滑、高处摆放、杂物占道等方面的安全隐患，是否存在浪费纸张、文具、水资源、电力资源等现象，是否制定了操作使用或安全管理制度。针对目前存在的问题，提出解决建议。

（2）观察个人物品是否摆放规范，是否做到人走"三关"（关电、关窗、关门），在夏季潮湿环境、雷雨天气下，以及公司下班前，是否安排了专门人员检查办公区域的水、电和设备。

（3）结合自身优点、兴趣和目标，以在校学习生涯（建议2～3年）为期限，尝试制定一份适合自己的职业发展规划，可包括未来的职业目标、重点学习的专业方向、预期取得的成果等内容。

【小组讨论】

（1）现代办公有哪些显著特点？

（2）办公人员应具备哪些职业素质和专业能力？

【能力评价】

实训结束，完成下面实训能力评价表的填写。

"体验和规划现代办公职业发展"实训能力评价表

实训任务	检查点	完成情况	出现的问题及解决措施
体验和规划现代办公职业发展	★ 按照整洁、安全的要求整理个人物品，提高学习效率	□完成　□未完成	
	★ 正确使用或搬运公共物品，避免损坏物品或造成人身伤害	□完成　□未完成	
	★ 协助老师检查、清洁或维护教学场所环境，消除安全隐患，并回收利用学习和办公物品	□完成　□未完成	
	★ 制作一份职业能力评估表，了解自身的"硬"能力和"软"能力，以及不足之处	□完成　□未完成	

思考与实践

1. 静电对电子设备有什么危害？在日常生活中应如何降低静电带来的影响？

2. 在夏季潮湿环境和雷雨天气下办公，应注意哪些安全事项？

3. 假设你是一名信息部技术文员，在临近放假之时你应该做好哪些安全工作？

4. 什么是 8S 管理？我们应如何参照 8S 管理理念对学习环境进行管理？

5. 当你在学习和生活中遇到困难或挫折时，你会如何调整情绪、缓解心理压力？

6. 登录前程无忧或智联招聘等人才招聘网站，搜索几个自己感兴趣的职位（侧重应届类），了解这些职位对知识和能力的要求，并思考应该怎样提升自己的水平，以满足企业的用人要求。

7. ▲【选做练习】课程主题实践活动之一

预见未来不一样的自己——良好行为（职业）意识养成与心理健康建设

（活动方案详见"'大办公、大思政'课程主题实践活动方案"）

【素养寄语】

老张有话说

千里之行，始于足下。如果想要干好一份工作，就需要热爱本职岗位，立足于长远发展，视自己为"工匠大家"，认真对待每一件小事，努力探索每一个领域，相信未来每一个人的汗水与付出都不会被辜负！

办公信息处理场景

职业情景导入

回到信息部办公室，老张把小燕带到一个空闲的工位上，开始指导小燕使用办公设备处理工作事务。

老张　　这是你的工位，已经配备了必要的办公物品和办公设备，你要尽快熟悉所负责的业务。

小燕　　好的，真想马上进入工作角色！不过我应该从哪里入手呢？

老张　　别着急，磨刀不误砍柴工。你需要先熟悉办公信息处理设备的使用、保养、性能优化及安全防护，这是更好地开展工作的前提！

工作任务分析

本单元通过介绍办公信息处理设备的基本构成、保养与维护策略、选购策略，以及性能优化、安全效能加固等内容，帮助学生熟悉办公信息处理场景的职业特点与工作要求，掌握提升办公信息处理效率的常用方法，增强信息安全与隐私数据保护意识，自觉维护国家、社会和公共信息安全，并运用相关设备处理日常办公业务。

知识学习目标

- 了解办公信息处理设备的基本特点
- 熟悉办公信息处理设备的维护与选购策略
- 熟悉办公信息处理设备的性能优化与安全效能加固策略

能力培养目标

- 能够辨识办公信息处理设备的基本构成
- 能够优化办公信息处理设备的运行性能
- 能够加固办公信息处理设备的安全效能

价值塑造目标

- 培育精益求精、开拓创新的工匠精神
- 培养处事务实、操作规范的职业品行
- 培养遵纪守法、立身行己的道德品格

实践场景二
办公信息处理场景

职业实践项目 3　熟悉办公信息处理设备

☑ 项目概述

　　本项目主要介绍常见办公信息处理设备的基本构成，以及它们在办公领域中的保养与维护策略、选购策略等，引导学生初步掌握相关设备的基础知识，同时激发其深入学习办公信息处理设备的兴趣。

⊘ 项目分析

　　本项目以办公职业实践为出发点，从办公信息处理设备的使用、维护、选购等多个角度展开进行介绍，便于学生根据需要选择并运用相关设备处理日常办公业务。

➡ 项目实施

任务 1　熟悉办公台式计算机

　　在现代办公场景中，台式计算机（Desktop Computer）是使用十分广泛的一类办公信息处理设备。图 3-1 所示为两款常见的台式计算机，左边为传统的台式计算机，右边为由迷你机箱、宽屏显示器、无线键盘、无线鼠标构成的信创型计算机。

图 3-1 两款常见的台式计算机

台式计算机将主机、显示器、键盘、鼠标等部件分离，并对其进行独立设置，机箱内部空间较大，散热性较好，安装、拆卸或更换主机配件都非常方便，并拥有较为优异的运行性能和显示效果，适用于大多数办公环境。但由于机身比较笨重，占用空间较大，因此台式计算机一般需要固定放置在办公桌或工作台上。

1．台式计算机的基本构成

从外观上来看，台式计算机的硬件系统由主机和外部设备两大部分构成。其中，与数据处理相关的核心部件通常安装并固定在机箱内部，这部分被称为"主机"；主机以外的各类辅助性部件被统称为"外部设备"。

1）主机的构成

主机一般包括 CPU、主板、内存、硬盘、显卡、声卡、网卡、光驱、电源和机箱等部件。

（1）CPU、主板和内存。

CPU、主板和内存提供了一个非常基本的系统核心架构，对计算机的整体性能起着举足轻重的作用。

中央处理器（Central Processing Unit，CPU）负责数据运算和处理，并控制计算机系统的正常运行。CPU 如同计算机的"大脑"，决定了计算机的整体性能。

主板（Mainboard）又被称为"母板"（Motherboard），相当于计算机的"躯干"，提供了丰富的插槽、内 / 外部接口、通信线路和控制开关，能够连接各类部件并对它们的高效与稳定运行进行协调，是发挥计算机优异性能的关键因素。

内存（Memory 或 RAM）用于临时存储需要执行的程序及需要运算的数据，便于 CPU 快速调用和运行，是影响计算机运行性能的一个重要因素。CPU、主板和内存分别如图 3-2 ～图 3-4 所示。

发光二极管（LED）显示器（见图 3-14）、等离子（PDP）显示器（见图 3-15）、3D 显示器（见图 3-16）等几大类。

图 3-14　LED 显示器　　　　图 3-15　等离子显示器　　　　图 3-16　3D 显示器

【延伸阅读 1：主流显示器的主要特点】

（2）键盘和鼠标。

键盘和鼠标是计算机中十分重要的输入控制设备。键盘用来向计算机中输入各种文字符号、程序代码和控制命令，可以直接操控计算机运行。鼠标可以通过拖动光标、单击左键来选择操作目标，也可以通过单击右键、双击左键或滚动滚轮来完成其他各种操作。图 3-17 所示为人体工程学键盘；图 3-18 所示为多功能鼠标。

（3）音箱、摄像头、耳机和麦克风。

音箱、摄像头、耳机和麦克风都是常用的计算机多媒体设备，可接收和传输声音、图像、视频等多媒体信息，支持线上与线下会议、商务视听交流、影音播放体验等应用场景。低音炮音箱、高清摄像头、高清耳机、会议型麦克风分别如图 3-19 ～图 3-22 所示。

图 3-17　人体工程学键盘　　　图 3-18　多功能鼠标　　　图 3-19　低音炮音箱

图 3-20　高清摄像头　　　图 3-21　高清耳机　　　图 3-22　会议型麦克风

3）主机外接区域的构成

用户主要通过机箱来连接和操作主机。机箱由金属材质的箱体和塑料材质的面板构成。面板上通常会配置电源开关 / 硬盘状态指示灯、光驱操作仓，以及音频（Audio）、USB 等扩展接口。机箱背面还会预留内置电源、板载视频、USB、网络（RJ-45）、音频（Audio）等外接接口，便于将各类外部设备连接到主板上。

图 3-23 和图 3-24 所示分别为联想开天 M70Z 迷你型商务主机（信创产品）和清华同方超翔 TL630 迷你型商务主机（信创产品）的前置与后置布局。

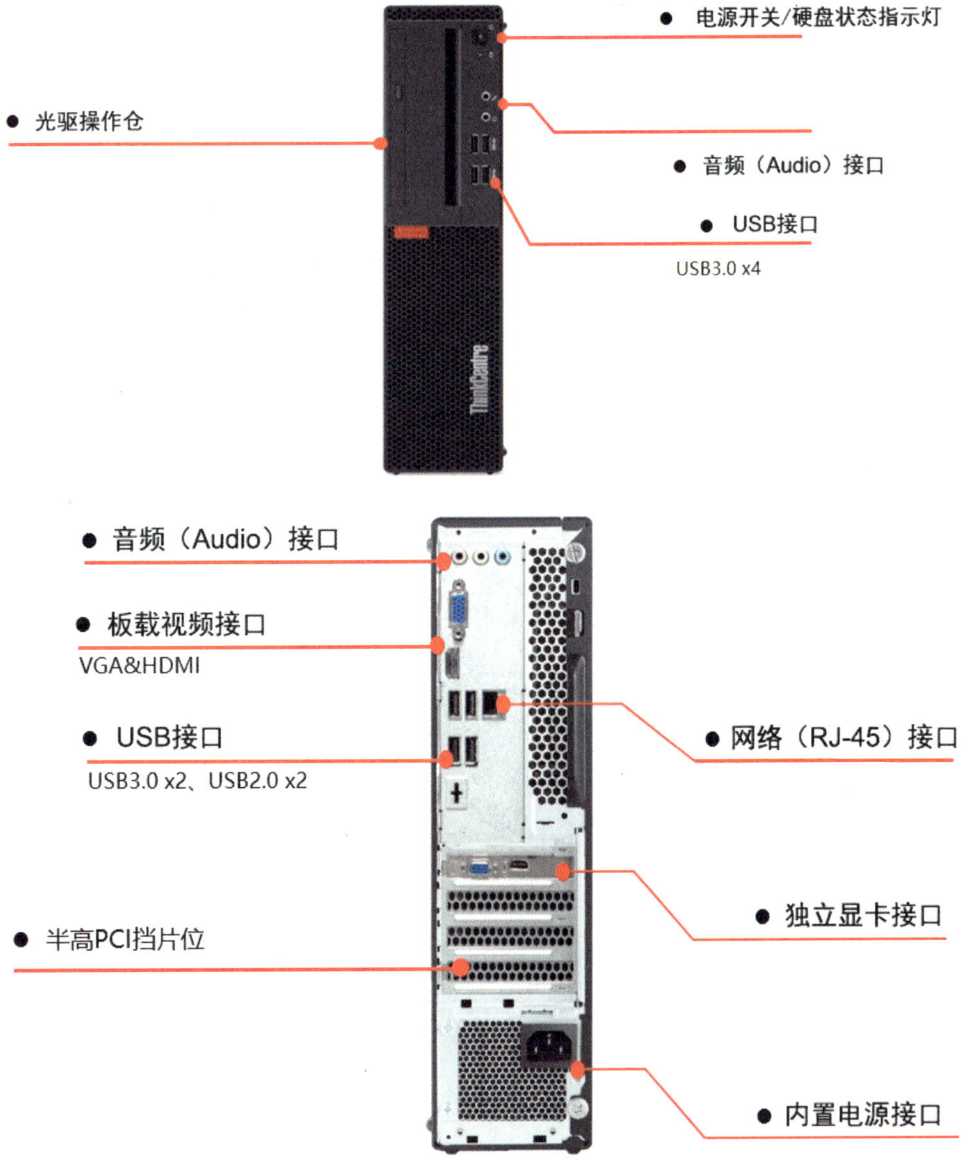

● 电源开关/硬盘状态指示灯

● 光驱操作仓

● 音频（Audio）接口

● USB接口

USB3.0 x4

● 音频（Audio）接口

● 板载视频接口

VGA&HDMI

● USB接口

USB3.0 x2、USB2.0 x2

● 网络（RJ-45）接口

● 半高PCI挡片位

● 独立显卡接口

● 内置电源接口

图 3-23　联想开天 M70Z 迷你型商务主机的前置与后置布局

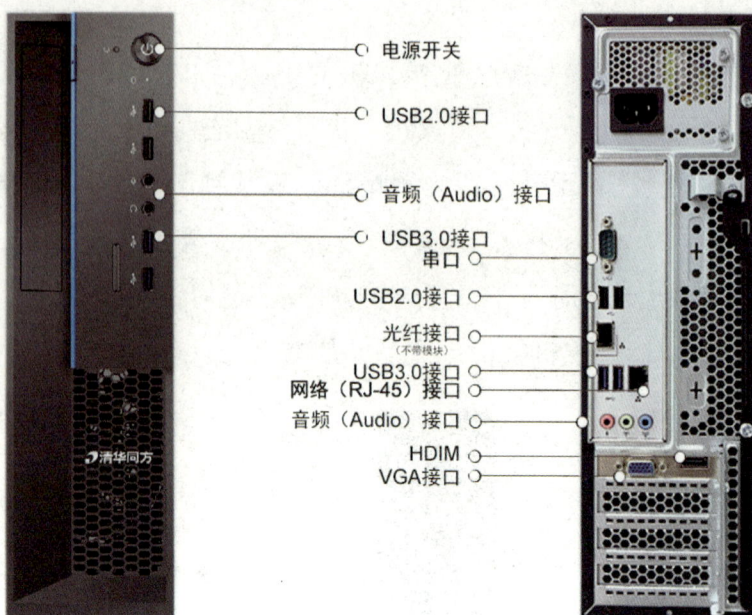

图 3-24　清华同方超翔 TL630 迷你型商务主机的前置与后置布局

2. 台式计算机的保养与维护策略

作为日常办公频繁使用的一类电子设备，台式计算机的保养与维护工作同样非常重要，这是保持计算机良好工作状态，使其更加"长寿"的前提。

（1）在正常工作时（特别是高速运转时），要避免碰撞或搬动计算机，也不要在机箱上放置重物，更不能强行重启或关闭计算机，以保护主机敏感部件。另外，手机、家电、工业仪器等强磁场设备尽量不要靠近主机，避免磁化硬盘。

（2）主机、外部设备与墙壁之间应留出 20cm 以上的距离，并整理好设备后部的线缆和杂物，保持良好的局部空气流通环境，以利于设备散热。

（3）如果计算机与打印机、复印机、工控设备等相关设备共用电源转换器，则应在开机时先启动这些相关设备（尤其是大型设备），再启动计算机的主机，而在关机时则应先关闭主机，再关闭相关设备，从而减小相关设备电流变化对主机部件的冲击。

（4）在操作计算机时不要吃零食，也不要将可乐、果汁、奶茶、咖啡之类的饮料放在键盘或设备旁边，防止残渣、颗粒等落入，或者液体流入键盘或设备内部，进而导致它们损坏。

（5）各类线缆的连接要对应颜色或图标，沿着与机箱垂直的方向操作，切勿粗暴地拔插线缆。除 USB 设备外，不要带电拔除其他主机部件或外部设备。

（6）在清洁显示屏时，应先关闭显示器，用干净、柔软的纯棉无绒布蘸上清水，然后稍稍拧干，从显示器的一边轻轻擦拭到另一边，直到将显示屏全部擦拭干净，之后可用一块拧得较干的湿布再清洁一次，最后放在通风处自然风干即可。如果是高端显示器，则可使用专门擦拭液晶屏的清洁套装，如图 3-25 所示。

（7）在长时间使用后，机箱内部的板卡和插槽处往往会积聚较多的灰尘，可用毛刷清扫干净，或者使用小型吹风机吹掉机箱内的灰尘，如图 3-26 所示。这一过程需要注意把握好同机器的距离，减小空气的冲击力，减少扬起的灰尘。

图 3-25　擦拭液晶屏的清洁套装

图 3-26　使用小型吹风机清除机箱内的灰尘

电子活页章节 1

台式计算机的故障排除

---

3. 台式计算机的选购策略

台式计算机的硬件配置灵活而且多样，便于用户根据不同的场景进行组合搭配，能最大限度地满足用户的个性化使用需求。在选购台式计算机时，可以参考以下策略。

（1）组装机与品牌机的考量。

市场上的台式计算机产品有组装机与品牌机之分，二者各有优势与不足。

组装机（又被称为"兼容机"）允许用户根据个性、爱好和实际需要等选购各类硬件设备，定制化配置硬件系统，充分挖掘计算机硬件的潜在性能，可以更好地控制购机预算。另外，组装机在后续硬件升级与容量扩充等方面也比较方便，可以随时添加或更换部件。不过，用户需要具备一定的计算机硬件知识，了解当前的硬件市场行情，这样才能更好地选配适合自身需要的组装机。

品牌机由专业制造商设计、配置与测试，稳定性、安全性、易用性高，并且可以提供贴心的售后支持。整机开箱即可使用，用户无须过多设置，可以享受一站式服务，这对于追求稳定、省心的用户尤为适用。不过，品牌机的售价相对高一些，硬件配置的灵活性与可选性也有所欠缺。市场上主流的品牌机厂商有联想、清华同方、神州数码、神舟、宏碁、华硕、戴尔、惠普、Alienware、机械革命等。

（2）硬件性能的侧重与取舍。

现代办公业务具有多样性。一些用户主要负责文档处理、线上沟通与交流、图片设计与制作、业务系统操作等日常事务；而其他一些用户可能还需要开展数据分析、多媒体编辑、程序设计与开发等工作。因此，用户需要根据岗位要求选购台式计算机，侧重对业务关键性能的保证，减少不必要的硬件配置，特别是对于主板、CPU、内存、显卡等核心硬件，应按需配置性能，注重性价比，避免资金浪费现象的出现。

下面介绍两款具备自主、安全、可控特性的国产商用品牌台式计算机，仅供参考。图 3-27 所示为联想开天 M740Z 国产商用台式计算机（信创产品）；图 3-28 所示为清华同方超翔 TL630-V001-2 国产商用台式计算机（信创产品）。

图 3-27   联想开天 M740Z 国产商用台式
计算机

图 3-28   清华同方超翔 TL630-V001-2
国产商用台式计算机

表 3-1 所示为联想开天 M740Z 国产商用台式计算机和清华同方超翔 TL630-V001-2 国产商用台式计算机的主要硬件配置。

表 3-1   两款国产商用品牌台式计算机的主要硬件配置

	联想开天 M740Z 国产商用台式计算机配置	清华同方超翔 TL630-V001-2 国产商用台式计算机配置
CPU	飞腾腾锐 D2000，八核心 / 十六线程，2.3GHz 主频，8MB 二级缓存，内置 SM 系列国产密码算法	龙芯 3A5000，四核心 / 四线程，2.3 ～ 2.5GHz 主频，2MB 二级缓存，16MB 三级缓存，内置 SM 系列国产密码算法
内存容量	DDR4 8GB	DDR4 4GB，可升级为 8GB
硬盘	256GB 固态硬盘	256GB 固态硬盘
显卡	2GB 独立显卡	1GB 独立显卡
显示器	23.8 英寸 IPS 显示器，1920×1080ppi，带 HDMI 接口	23.8 英寸超窄边高清显示器，1920×1080ppi，带 HDMI 接口
光驱类型	DVD 刻录机	无
机箱电源	纤小型机箱，标配电源	纤小型机箱，标配电源
键盘 / 鼠标	厂商标配	厂商标配

续表

	联想开天 M740Z 国产商用台式计算机配置	清华同方超翔 TL630-V001-2 国产商用台式计算机配置
扩展插槽	一个 PCIe3.0 ×16 插槽，两个 PCIe3.0 ×8 插槽	一个 PCIe3.0 ×16 插槽，两个 PCIe3.0 ×8 插槽
外部设备接口	4 个 USB 3.0 接口，4 个 USB 2.0 接口，千兆位 RJ45 接口，HDMI 接口等	4 个 USB 3.0 接口，4 个 USB 2.0 接口，千兆位 RJ45 接口，HDMI 接口等
操作系统	银河麒麟专业版	统信 UOS V20
质保服务	3 年整机质保	3 年整机质保

注：上述数据来源于市场信息，仅供参考。

【延伸阅读 2：传统型办公通用台式计算机配置方案】

任务 2　熟悉办公便携式计算设备

在当今追求高效、便携和时尚的数字化社会，移动办公方式越来越受到人们的推崇，并催生出了种类丰富的办公便携式计算设备，笔记本电脑、平板电脑、个人数字助理、掌上计算机等都是广受欢迎的办公便携式计算设备。

1. 笔记本电脑

笔记本电脑（Laptop Computer）的硬件构成和台式计算机的硬件构成相似，包括主机系统、显示设备、输入 / 输出系统和外部接口等。但相较而言，笔记本电脑采用更加小巧、紧凑、轻便的硬件设计方案，主机系统进行了高度集成与整合，机身重量较轻，发热量低，往往还支持触控屏和触摸定位板，方便用户直接对其进行操控。

1）笔记本电脑的分类

笔记本电脑种类繁多，内置功能的区分非常详细，市场上常见的笔记本电脑包括以下几种类型。

（1）根据功能定位的不同，可以将笔记本电脑分为家用型笔记本电脑、商务办公型笔记本电脑、学生应用型笔记本电脑、影音娱乐型笔记本电脑、游戏竞技型笔记本电脑、轻薄便携型笔记本电脑和创意设计型笔记本电脑等几种类型。

图 3-29 所示为商务办公型笔记本电脑；图 3-30 所示为轻薄便携型笔记本电脑。

图 3-29　商务办公型笔记本电脑

图 3-30　轻薄便携型笔记本电脑

（2）根据机身设计的不同，可以将笔记本电脑分为商务本、轻薄本、超极本、变形超极本和二合一笔记本等几种类型。

① 超极本。超极本（Ultrabook）是指机身极致轻薄的笔记本电脑，在现代办公领域拥有传统笔记本电脑无法比拟的优势。

• 极为轻薄的机身。超极本以"极性"的操作体验为最终设计目标，机身厚度通常压缩在 18mm 以内，重量则可以控制在 1.5kg 以内，比相同尺寸的传统笔记本电脑的重量轻 30% 以上，具有更加优异的携带方便和移动办公特性。

• 更快的响应速度。休眠启动是笔记本电脑的一项系统响应模式，既能有效降低笔记本电脑的能耗，又能帮助用户快速进入桌面环境，继续完成之前暂停的工作。超极本具备较高的系统响应速度，可以将休眠唤醒时间缩短至 10s 以内，这在快节奏的现代办公和商务环境中非常合适。

• 更长的续航时间。超极本一般配置超低电压的移动版处理器，机身功耗仅为传统笔记本电脑功耗的一半，并可维持 6h 以上的长效续航时间，能很好地满足会议、差旅、户外商务洽谈等移动办公业务的要求。图 3-31 所示为超极本。

② 变形超极本。变形超极本拥有多点触控屏和灵活的整机变形/组合功能。通过机身变形设计，用户可以随时调整笔记本的形状，以适应不同的使用环境。图 3-32 所示为变形超极本。

图 3-31　超极本

图 3-32　变形超极本

变形超极本一般可支持 4 种使用模式：笔记本模式、平板电脑模式、站立模式及帐篷模式。

- 笔记本模式。笔记本模式为变形超极本的基础形态，由于搭配了笔记本键盘，因此更加符合人们的办公操作习惯，能提供较为舒适的使用体验。

- 平板电脑模式。平板电脑模式即通过将屏幕折叠、翻转或拆卸，将超极本变形为平板电脑。这种模式能带来良好的触控操作体验，支持用户进行电子阅读、在线会议、产品展示、生产管理或视频交流等业务工作。

- 站立模式。站立模式是指让变形超极本的键盘与显示屏之间形成一定度数（如225°）的夹角，以此令变形超极本稳固地"站立"起来，并通过屏幕触控让用户进行会议交流、幻灯片播放、产品方案介绍等工作，也可以搭配键盘进行办公。图 3-33 所示为站立模式的变形超极本。

- 帐篷模式。帐篷模式的变形超极本的屏幕翻转角度更大，将屏幕、底座与桌面构成一个三角形结构，如同一顶搭起来的帐篷，使得变形超极本的放置更加稳定，占地面积更小，适合在卧室、火车、飞机、咖啡馆等面积比较小空间内的桌面上处理工作事务。图 3-34 所示为帐篷模式的变形超极本。

图 3-33　站立模式的变形超极本　　　　图 3-34　帐篷模式的变形超极本

③ 二合一笔记本。二合一笔记本属于变形超极本的一个分支，具有组合高度灵活的特点，一般会将显示屏部分设计成独立的平板电脑模式，将键盘部分设计成扩展模式。用户在日常办公时可以安装键盘进行操作，而在轻办公场合，只需拆下键盘使用屏幕即可。可以说，二合一笔记本是一种真正意义上的超极本。图 3-35 所示为二合一笔记本。

2）笔记本电脑的硬件构成

受体积和散热性能的限制，笔记本电脑的硬件需要采用专门的设计方案，主要由外壳、主板、处理器、内存、硬盘、显卡、显示屏、电池、键盘、定位设备等构成。

（1）笔记本电脑外壳。

笔记本电脑外壳不仅能保护主机部件，还会对机身重量、耐用程度、操作舒适性和整机散热效果等产生很大的影响。常用的外壳材料有 ABS 工程塑料、铝镁合金、钛合金、碳纤维复合材料等。其中，ABS 工程塑料和铝镁合金材料主要用于主流笔记本电脑、超极本的外壳加工；钛合金和碳纤维复合材料多用于制造高档型笔记本电脑。

（2）笔记本电脑主板。

主板是笔记本电脑最关键的部件之一，需具备较高的制造结构工艺，通常采用"All-In-One"式的单一板材设计模式，集成了各类芯片、插槽和接口等硬件模块。图 3-36 所示为笔记本电脑主板。

（3）笔记本电脑处理器。

笔记本电脑处理器（见图 3-37）除了要保证运算性能，还要兼顾笔记本电脑的发热和能耗控制情况，通常会采用比同类台式计算机的 CPU 技术更加先进、纳米精度更高的制造工艺。

（4）笔记本电脑内存。

由于机身设计精密、内部空间狭小，因此笔记本电脑通常采用低电压版内存（见图 3-38），具有体积小、速度快、散热好、耗能低、稳定性强等特点。

图 3-35　二合一笔记本

图 3-36　笔记本电脑主板

图 3-37　笔记本电脑处理器

图 3-38　低电压版内存

【延伸阅读 3：什么是低电压版内存】

（5）笔记本电脑硬盘。

笔记本电脑硬盘（见图 3-39）比台式计算机硬盘更加小巧和纤薄，一般采用 2.5 英寸、1.8 英寸或更小的尺寸进行设计，包括用于超极本、轻薄本的 7mm 超薄型硬盘，以及用于商务本等传统笔记本电脑的 9.5mm 标准型硬盘等。

（6）笔记本电脑显卡。

笔记本电脑显卡（见图 3-40）有集成显卡和独立显卡之分。集成显卡具有功耗低、发热量小、能够延长续航时间等优点，多用于家用型、商务办公型和轻薄便携型笔记本电脑。独立显卡有助于提升笔记本电脑的 3D 娱乐体验与高品质图形设计水平。

（7）笔记本电脑显示屏。

笔记本电脑显示屏分为 11.6 英寸、12.5 英寸、13.3 英寸、14.1 英寸、15.6 英寸、17.3 英寸等规格。其中，13.3 英寸以内的显示屏一般用于便携式笔记本电脑；14.1 英寸的显示屏符合大多数用户的使用需要；15.6 英寸的显示屏多用于台式计算机替代型笔记本电脑，具备较好的画面呈现效果；17.3 英寸以上属于超大型显示屏规格，多用于移动图形工作站之类的专业设备。图 3-41 所示为 3 种主流的笔记本电脑显示屏规格。

图 3-39　笔记本电脑硬盘

图 3-40　笔记本电脑显卡

11.6 英寸　　　　13.3 英寸　　　　15.6 英寸

图 3-41　3 种主流的笔记本电脑显示屏规格

【延伸阅读 4：笔记本电脑屏幕规格与分辨率的对应特点】

（8）笔记本电脑电池。

笔记本电脑电池属于一种可充电式电池，分为镍镉（Ni-Cd）电池、镍氢（Ni-MH）电池、锂离子（LiB）电池和锂聚合物（LiP）电池等几种类型。普通笔记本电脑大多采用锂离子电池（见图3-42），一些高档的商务本或超极本则会使用锂聚合物电池（见图3-43）。

图 3-42　锂离子电池

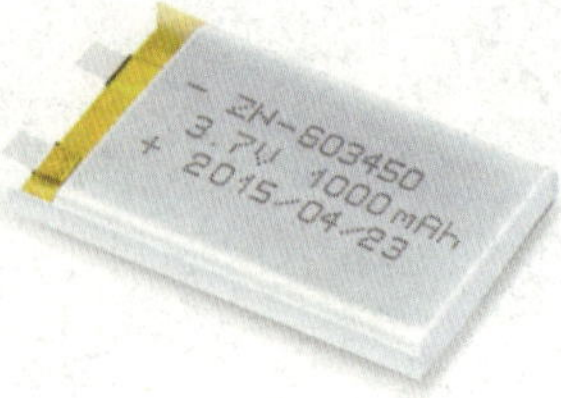

图 3-43　锂聚合物电池

（9）笔记本电脑键盘。

笔记本电脑键盘通常可分为巧克力式键盘、浮萍式键盘、孤岛式键盘等类型。主流的笔记本电脑大多采用孤岛式键盘，通过一体式键盘设计，不仅能更好地展现笔记本电脑的整体感，还能在录入、编辑、设计等业务操作中为用户提供较好的舒适性体验。

（10）笔记本电脑定位设备。

笔记本电脑定位设备相当于台式计算机的鼠标。多点触控板和指点杆是常见的定位设备，可通过用户手指的触摸、滑动、点击来快速操控笔记本电脑，二者的配合使用能让办公操作更加轻松、便捷和高效。图3-44所示为笔记本电脑的定位设备。

3）笔记本电脑的保养与维护策略

笔记本电脑的工作寿命和使用效果不仅取决于硬件的保养，还和用户的操作习惯有很大的关系。笔记本电脑日常的保养与维护策略如下。

（1）笔记本电脑显示屏的保养与维护。

显示屏是笔记本电脑非常重要的部件，不可以用指甲、笔等硬物戳显示屏，在合上笔记本电脑时，需要先确认键盘上没有东西遗留。尽量不要直接用湿布来清洁显示屏，可以使用专门的液晶屏清洁剂与清洁布擦拭显示屏（见图3-45），并将其自然晾干。

图 3-44　笔记本电脑的定位设备

图 3-45　使用专门的液晶屏清洁剂与清洁布擦拭显示屏

（2）笔记本电脑电池的保养与维护。

如果想让电池保持较好的续航能力，则需要对电池进行保养性的充电与放电。切勿频繁地充电，应在电量快用完时进行充电。在闪电、雷雨天气下，不要对电池充电。建议定期（如每个月）对电池进行一次保养性的充电与放电，在电量用完之后再将其充满。

（3）笔记本电脑键盘的保养与维护。

键盘是用户接触最多的笔记本电脑部件。用户在敲打键盘时不能太用力，不要边吃零食边使用笔记本电脑，也无须覆盖键盘贴膜，只有保持触摸板的干燥性、散热性和清洁性，才能延长其使用寿命。如果需要清洁键盘，则可使用干净、柔软的毛刷，轻轻地清扫按键、键盘周边及键盘缝隙，也可以使用类似橡皮泥的专用清洁胶来清理。图 3-46 所示为清洁笔记本电脑键盘示意。

图 3-46　清洁笔记本电脑键盘示意

（4）养成良好的笔记本电脑使用习惯。

① 在关闭笔记本电脑时，切勿因为贪快、求方便而直接强制关机或断电关机，这对笔记本电脑硬盘的伤害非常大。

② 不要让笔记本电脑在震动较大的环境下使用，也不要放在膝盖上或在颠簸行驶的车内使用，否则易造成笔记本电脑失衡，影响其硬盘的正常运转。

③ 在移动笔记本电脑时要轻拿轻放，避免摔磕和震荡。如果需要将笔记本电脑移动到较远的地方，则最好在关机后将其放进专用的笔记本电脑携带包。

电子活页章节 2

笔记本电脑的故障排除

4）笔记本电脑的选购策略

市场上笔记本电脑产品的形态和型号众多，性能搭配和功能配置各有特色，用户在购机时可考虑以下几点。

（1）定位购机用途及预算能力。

笔记本电脑有其鲜明的功能区分和市场定位，需要用户事先明确购机用途。用户可选购既能流畅处理文档和编辑图形，又便于出差携带、存储、分享及安全管理，价格为 4000 ～ 8000 元的商务办公型或轻薄便携型笔记本电脑。

（2）屏幕尺寸需因人而异。

对办公用户而言，笔记本电脑既要平衡办公业务处理和娱乐应用的需要，也要具备可随身携带和移动工作的便捷性，因此可选购 14 英寸的轻薄便携型笔记本电脑。如果用户需要经常在固定场所开展工作，则可选购 15 英寸及以上的大屏笔记本电脑。由于大屏笔记本电脑拥有较好的操作特性和视觉效果，因此适合充当台式计算机替代型办公设备。11 ～ 13 英寸的小尺寸笔记本则更适合追求时尚、轻便、快节奏工作方式的用户。

图 3-47 所示为华为 MateBook 14s 商务办公型高清笔记本电脑，采用第十一代酷睿 i7 处理器，16GB 内存，14.2 英寸高清屏，2520×1680ppi，具备 8h 长续航能力。

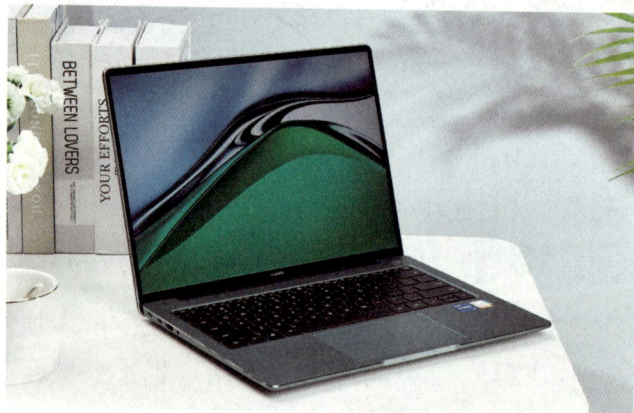

图 3-47　华为 MateBook 14s 商务办公型高清笔记本电脑

（3）触控屏能提升移动应用体验。

Windows 8 系统的问世推动了触控屏在笔记本电脑行业的普及，Windows 10 系统则提供了更好的人机交互方式，进一步方便了触控屏的使用。触控技术为笔记本电脑构建起鼠标、键盘加触控屏的立体操作空间，在文档处理、图形设计、影像编辑、生产管理、软件开发等办公环境，以及影视播放、游戏娱乐等生活化场合中，触控型笔记本电脑能为用户带来优秀的移动应用体验，可谓"办公、娱乐尽在手，工作、生活两相宜"。

（4）不要忽视电池和电源适配器。

用户在选购笔记本电脑时还要考虑电池的类型、电池的容量及可支持的实际使用时间。通常来说，笔记本电脑的电池应达到 3h 以上的续航时间。目前，笔记本电脑大多采用 3000 ~ 5000mAh 容量的电池，部分高端笔记本电脑则会配备 6000mAh 以上的电池，具有更强的长效续航能力，能够满足现代移动办公的使用需要。

【延伸阅读 5：电池与电源适配器的使用和匹配】

（5）考虑先进的辅助功能。

除了机身内置的基本功能，不少笔记本电脑厂商还会在产品中加入一些较为先进的功能设计，如人脸识别、指纹开机、RealSense 3D 相机等。

RealSense 3D 相机是 Intel 推出的一项深度实感摄像技术，配有两颗已内置深度传感器的 3D 镜头，能进行精准的面部识别与信息传导，实现精确的手势和肢体动作控制，并具备 3D 实时扫描、捕捉与合成功能，对于办公操作、建模设计、会议交流和游戏娱乐非常合适。目前，RealSense 3D 已得到联想、戴尔、宏碁等主流笔记本厂商的支持，未来有望成为一种趋势。

图 3-48 所示为用户借助 RealSense 3D 进行手控游戏。借助 RealSense 3D，用户可以通过手势动作直接控制笔记本电脑，玩一些飞行、跑酷等手控类型的游戏。

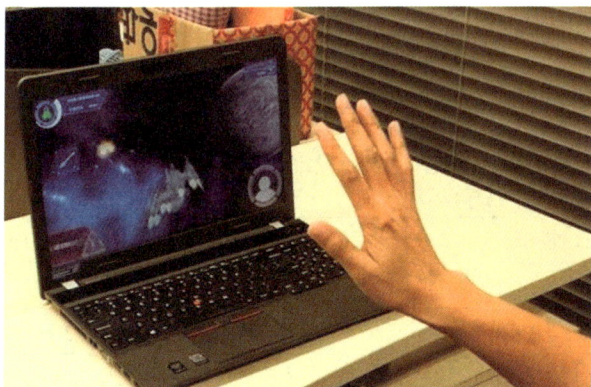

图 3-48　用户借助 RealSense 3D 进行手控游戏

（6）企业品牌与产品口碑是保障。

目前，市场上的笔记本电脑品牌主要分为国内品牌和国外品牌两大类。我国比较知名的笔记本品牌有华为、联想、神舟、方正、小米、清华同方、华硕、宏碁、微星、技嘉、Terrans Force（未来人类）等；国外品牌中，惠普、戴尔、苹果、微软、三星、东芝、索尼等的知名度较高。

【延伸阅读 6：部分主流笔记本电脑品牌及典型产品特点简介】

【延伸阅读 7：笔记本电脑真伪辨别小技巧】

下面介绍两款具备自主、安全、可控特性的国产商务办公型笔记本电脑，仅供参考。图 3-49 所示为联想开天 N79Z 国产商务办公型笔记本电脑（信创产品）；图 3-50 所示为神州数码鲲泰 L351 国产商务办公型笔记本电脑（信创产品）。

图 3-49　联想开天 N79Z 国产商务办公型笔记本电脑

图 3-50　神州数码鲲泰 L351 国产商务办公型笔记本电脑

表 3-2 所示为联想开天 N79Z 国产商务办公型笔记本电脑和神州数码鲲泰 L351 国产商务办公型笔记本电脑的主要硬件配置。

表 3-2　两款国产商务办公型笔记本电脑的主要硬件配置

	联想开天 N79Z 国产商务办公型笔记本电脑配置	神州数码鲲泰 L351 国产商务办公型笔记本电脑配置
CPU	兆芯开先 KX-6640MA，四核心 / 四线程，2.2GHz 主频，4MB 二级缓存，16nm 工艺，内置 SM 系列国产密码算法	龙芯 3A5000M，四核心 / 四线程，2.0GHz 主频，14nm 工艺，内置 SM 系列国产密码算法
内存容量	DDR4 16GB 2666MHz	DDR4 8GB 3200MHz
硬盘	512GB NVMe 固态硬盘	256GB NVMe 固态硬盘
显卡	集成显卡	AMD Radeon 2GB 独立显卡
显示屏	14 英寸高清显示屏，2240×1440ppi，屏幕比例为 16：10，支持单手开合	14 英寸 IPS 全高清显示屏，1920×1080ppi
电池类型	高密度锂电池，61Wh，6h 以上续航	智能锂电池，4610mAh，6h 以上续航
机身外观	机身重量 1.29kg，厚度 14.6mm	机身重量 1.7kg，厚度 17.9mm
外部设备接口	USB 3.0 接口，Type-C 接口，HDMI 接口，千兆位 RJ45 接口，Wi-Fi 模块接口，耳麦二合一接口等	USB 2.0 接口，USB 3.0 接口，Type-C 接口，HDMI 接口，千兆位 RJ45 接口，Wi-Fi 模块接口，耳麦二合一接口等
操作系统	银河麒麟 V10	统信 UOS
质保服务	3 年整机质保	3 年整机质保

注：上述数据来源于市场信息，仅供参考。

【延伸阅读8：其他传统商务办公型笔记本电脑配置方案】

2．平板电脑

平板电脑（Tablet PC）的主要特点在于机身微型化，便于携带和操作，并采用触控屏和触控笔来代替传统的键盘和鼠标，支持手写识别、语音识别等输入方式。这些特性不仅迎合了用户现代娱乐体验的需求，还适合轻办公和生产管理使用。

1）平板电脑的分类

（1）根据机身结构的不同，可以将平板电脑分为纯平板电脑、可变式平板电脑和工业用平板电脑等类型。

纯平板电脑（见图3-51）强调的是操作的移动性和便携性，通常采用手写和触控方式输入，也可以外接USB鼠标和键盘。

可变式平板电脑（见图3-52）通过巧妙的结构将键盘与显示屏紧密连接起来，不仅可以翻折屏幕，还能够对屏幕进行180°旋转，便于将屏幕画面展示给周围的人员。一些可变式平板电脑还能拆分键盘，具备娱乐和办公双重功能。

工业用平板电脑（见图3-53）多用于工业一体化集成环境，一般由专门设计的硬件构成，性能较高、结构稳定、持久耐用，通常会搭配适用于特定行业的工控软件，以实现工业自动化管理、工业信息化控制、工业过程设计等生产力功能。

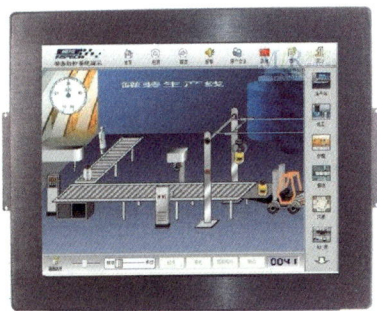

图3-51　纯平板电脑　　　图3-52　可变式平板电脑　　　图3-53　工业用平板电脑

（2）根据消费定位的不同，可以将平板电脑分为商务办公型平板电脑、娱乐型平板电脑、通话型平板电脑、教育型平板电脑、投影型平板电脑、二合一平板电脑等类型。图3-54所示为二合一平板电脑。

【延伸阅读9：教育型平板电脑】

（3）根据操作系统的不同，可以将平板电脑分为华为 HarmonyOS（鸿蒙）平板电脑、苹果 iOS 平板电脑、谷歌 Android 平板电脑、微软 Windows 平板电脑、能兼容 Windows 和 Android 的双系统平板电脑等。图 3-55 所示为搭载第二代鸿蒙系统的华为 MatePad Pro 商务办公型平板电脑。

图 3-54　二合一平板电脑

图 3-55　华为 MatePad Pro 商务办公型平板电脑

（4）根据处理器的不同，可以将平板电脑分为 x86 复杂指令集架构平板电脑和 ARM 精简指令集架构平板电脑。二者在性能、功耗和程序兼容性等方面均有较为明显的区别。海思麒麟、Intel Atom（凌动）、苹果 A、高通骁龙等是几个常见的处理器系列。

2）平板电脑的品牌特点

平板电脑凭借自身的优势吸引了众多厂商投身于这一行业中。除了华为、联想、苹果、微软、三星、谷歌、亚马逊、戴尔等主流品牌，荣耀、小米、酷比魔方、小黑智能、E 人 E 本、清华同方、华硕、蓝魔、台电、原道、品铂、纽曼、昂达、神舟等品牌也具备较大的影响力。

目前，国内平板电脑市场分为华为 HarmonyOS、苹果 iOS、微软 Windows、谷歌 Android 几大阵营。其中，华为 HarmonyOS 平板电脑广泛应用在强调生产力特性的业务运营、生产管理、教育教学等场合；苹果 iOS 平板电脑主要定位中高端时尚娱乐及轻办公领域；微软 Windows 平板电脑在商务应用、设计创作和办公处理环境中具备较为明显的优势；谷歌 Android 平板电脑在家庭和学生消费群体中有着较高的人气。

【延伸阅读 10：平板电脑主要品牌特点简介】

【延伸阅读 11：经典平板电脑产品介绍】

3）平板电脑的选购策略

市场上平板电脑琳琅满目，在选购产品时应考虑以下几点。

（1）选购符合要求的平板电脑。

不同操作系统的平板电脑在应用方向上有不同的侧重点，适用场景也有一些差别。

华为 HarmonyOS 平板电脑具有设备互联与应用兼容的显著优势，凭借多屏协同、平行视界、智慧分屏等创新功能，可消除笔记本电脑、平板电脑和智能手机之间的数据隔阂，非常适用于协同办公、流程管理、同步学习、手写绘制等业务场景。

苹果 iOS 平板电脑拥有简洁、美观的用户界面，运行流畅的操作系统，高清晰度的 Retina 视网膜显示屏，以及丰富的应用程序（App Store 中），可同时满足日常娱乐和一般办公需要，主要有 iPad、iPad Air 和 iPad Mini 等类型。

微软 Windows 平板电脑功能完备，高度支持桌面端与移动端的联结应用，生产力特性鲜明，具备极佳的多样化与个性化设计，超极本、变形本、触控本等产品形态各异，比较适用于商务办公场景。

谷歌 Android 平板电脑拥有开放的生态、优异的兼容性、较全的在线应用、较高的性价比、高质量的显示效果及强大的娱乐性能，此外，还集成了各种本土化、实用化的服务功能和应用程序，主要用于满足大众型娱乐、学习及轻办公等使用需要。

（2）屏幕尺寸应方便操作。

目前，平板电脑的屏幕尺寸大多为 7 ～ 12 英寸。其中 7 英寸与 8 英寸的屏幕在娱乐型平板电脑产品中比较常见，在可携带性和视觉呈现效果之间做得比较均衡，主要面向注重便携性和具有娱乐、消遣需求的用户。当用户需要一台可装在包里、随身携带的轻便型平板电脑，用于在外出办公时阅读数字化资源或观看视频时，7 ～ 8 英寸的平板电脑无疑是很好的选择。

9.7 ～ 12.3 英寸的平板电脑提供了更大的机身面积，具备更好的视觉体验，尤其适合上网课、浏览网页、观赏高清影视，以及进行会议交流、编辑文档等。在性能配置和功能设计方面，大屏平板电脑更接近于笔记本电脑，可满足大部分的商务应用需求，方便用户在不同环境中处理工作事务。

（3）保障足够的移动使用时间。

电池续航能力与续航表现是平板电脑可用性的重要体现。主流平板电脑的续航时间通常不少于 7h，部分高端平板能达到 10h 以上。另外，一些混合型平板电脑通过在键盘底座中嵌入电池，可实现更强的续航能力。

在购买大尺寸（如 9.7 英寸以上）平板电脑时，建议选购标配电池容量较大的机型。如果电池容量比较小，而机身耗电量比较大，则可考虑多配置一个移动电源。

【延伸阅读 12：个人数字助理和掌上计算机特点概览】

电子活页章节 3

个人数字助理和掌上计算机

任务 3　熟悉新形态办公信息处理设备

除传统的计算机设备外，一些新形态的桌面计算机也开始流行起来，它们能够更好地满足用户在商务办公、差旅洽谈和生产管理等领域的精细化使用需求。

1．一体式计算机

一体式计算机（All-In-One Computer）简称"一体机"，是一种比较前卫的计算机形态，最早源于苹果公司对 iMac 计算机的创造性设计。

一体式计算机改变了显示器和主机分离的传统结构模式，将主机、显示器、键盘、鼠标等主要部件整合在一起，既保留了台式计算机宽大的显示界面与较高的性能配置，又吸纳了笔记本电脑的高度集成化、轻薄化和占地面积小等特点，并提高了其扩展性、安全性、节能性和环保性。目前，一体式计算机已经出现在很多企业、事业单位和家庭场所的办公桌上。

图 3-56 所示为华为面向办公和设计业务的 MateStation X 商务办公型一体式计算机；图 3-57 所示为微软面向商务办公和艺术创造的 Surface Studio 创意型一体式计算机。

图 3-56　华为 MateStation X 商务办公型一体式计算机

图 3-57　微软 Surface Studio 创意型一体式计算机

【延伸阅读 13：面向行业应用的创新型一体式计算机——信创一体机】

2. 迷你型主机

迷你型主机具有体积小、能耗低、摆放方便等优点，近年来得到很多家庭和企业用户的关注。迷你型主机这种计算设备的机身比笔记本电脑小，但性能比笔记本电脑好，其功能接近于台式计算机，但不带显示器。

迷你型主机通常不会配置高性能处理器和独立显卡，硬盘和内存也大多采用移动版配件，可以节省空间及降低能耗，并满足办公事务处理和家庭娱乐等日常使用需要。另外，设备的安装、放置、携带和移动也非常方便。

市面上的迷你型主机分为成品机和准系统两种类型。成品机是指生产厂商已为迷你型主机安装好各种部件和操作系统，开箱接上显示器即可使用，如苹果的 Mac Mini 和 Intel 的 NUC 系列；准系统则是指迷你型主机在出厂时已配置 CPU、主板、电源、机箱等部件，用户根据需要自行购买和组装其他部件，并安装合适的操作系统。

图 3-58 所示为联想天逸系列迷你型主机；图 3-59 所示为放置在办公桌上的迷你型主机（位于右下角）。

图 3-58 联想天逸系列迷你型主机

图 3-59 放置在办公桌上的迷你型主机

★ 课堂实训 　　　　**使用计算机处理办公事务**

通过本实训任务，学生将了解实训计算机的性能配置，并使用计算机制作简单的业务资料，以熟悉办公信息处理设备的操作方法和办公事务的处理流程。

【操作步骤】

（1）在实训机房上课时，查看所用计算机的 CPU、内存、硬盘、显卡等主要部件的相关配置信息，并讨论该计算机是否适用于开展办公业务。

（2）打开 WPS 软件，绘制一个简单的表格，或制作一份图文混排型文档，或者打开 Photoshop 软件，设计并编辑一张简单的图片（模拟日常业务资料的处理）。

（3）打开个人电子邮箱（QQ 邮箱、163 邮箱等），将上述表格、文档或图片发送给组内的其他学生（模拟业务资料的传送）。

（4）如果实训条件允许，则尝试体验笔记本电脑、平板电脑等便携式计算设备的操作和办公应用功能。

（5）在完成课堂实训或相关活动后，请及时关闭计算机和其他设备并切断电源，以节约能源，减少碳排放。

【小组讨论】

（1）使用计算机进行信息化办公的基本技能有哪些？

（2）信息化办公在效率、环保及资源节约等方面有哪些显著特点？

【能力评价】

实训结束，完成下面实训能力评价表的填写。

"使用计算机处理办公事务"实训能力评价表

实训任务	检查点	完成情况	出现的问题及解决措施
使用计算机处理办公事务	★ 熟悉计算机主要部件的功能和配置信息	□完成　□未完成	
	★ 熟练使用 Word、Excel、PowerPoint 等常用办公软件	□完成　□未完成	
	★ 探索并使用电子邮箱、搜索引擎、学校办公自动化网站的办公功能	□完成　□未完成	
	★ 体会不同类型的计算设备是如何提升现代信息化办公效率的	□完成　□未完成	
	★ 初步体验信息化、网络化应用对推动形成绿色、低碳型工作方式和生活方式的意义	□完成　□未完成	

前沿动态 1　笔记本电脑未来的新变革

幻想是科技进步的源泉，幻想也能让人们实现更多"不可能"的技术。随着智能操控功能的不断完善，未来的笔记本电脑将带来什么样的变革呢？

前沿动态 2 **能隐身于笔记本电脑内部的电源适配器** ///////////////////////

很多用户都不喜欢带着笔记本电脑的电源适配器出门，这个笨重的附属部件到底能不能丢掉呢？来这里看看未来的希望吧！

思考与实践

1. 台式计算机包含哪些主机部件与哪些扩展部件？

2. 笔记本电脑由哪些部件构成？在硬件结构上与台式计算机有什么不同？

3. 在清洁台式计算机显示屏时应注意哪些事项？

4. 台式计算机通常可采用哪些简单的方法诊断故障？

5. 与传统笔记本电脑相比，超极本拥有哪些适合办公的优势？

6. 平板电脑有什么特点？目前平板电脑大多使用哪几类操作系统？

7. 在笔记本电脑和平板电脑行业，有哪些主流品牌？

8. 检查实训室的计算机是否整洁、干净，可尝试对显示器、键盘、鼠标、机箱外壳进行一次清洁维护，并按要求将它们摆放整齐，营造良好的操作环境。

9. 在任课老师的指导下，分组检查实训计算机是否存在软/硬件故障，针对发现的故障，讨论其可能的原因及解决方法，并上报任课老师处理。

术语解释

★ 便携式设备的内在生命力——续航能力

携带与使用便携式设备的用户最关心的也许是电子设备的续航能力。那么什么是续航能力呢？

📋 术语解释

续航能力

职业实践项目 4 保障办公信息处理效率

项目概述

本项目主要介绍计算机系统运行性能优化和安全效能加固的常用方法，引导学生初步掌握计算机系统的简单维护操作，以此保证信息化办公业务的稳定性与持续性。

项目分析

本项目侧重优化与办公操作有关的系统性能，并针对信息化应用和网络办公的常见威胁，明确网络恶意程序攻击的防范思路，便于学生举一反三，根据具体环境对计算机系统进行相关设置。

项目实施

任务 1 优化计算机系统运行性能

计算机系统在长时间使用后难免会产生大量的垃圾数据，不仅会影响系统运行性能和办公效率，还有可能导致计算机出现各种问题。因此，用户在适当的时候可以对计算机系统运行性能进行优化。

1. 整理磁盘碎片

磁盘碎片是指由于系统在磁盘（尤其是机械硬盘）中不断添加和删除文件，使文件被分散地存储在磁盘中的各个位置，从而产生的碎片化数据。过多而且分散的碎片会降低系统的运行性能。对此，用户可以定期进行碎片整理，以恢复磁盘存储空间的连续性。

实训任务 1　　**使用内置功能整理系统磁盘碎片**

【操作步骤】

（1）在 Windows 系统桌面上，依次选择"开始"→"所有程序"→"附件"→"系统工具"→"磁盘碎片整理程序"命令，打开"磁盘碎片整理程序"窗口（见图 4-1），可以显示可进行碎片整理的磁盘。

（2）对磁盘当前的碎片情况进行分析。选择要整理的磁盘分区（如 C 盘），单击"分析磁盘"按钮，系统将分析 C 盘的容量大小、分区中文件的数量及当前碎片的分布情况，如图 4-2 所示。

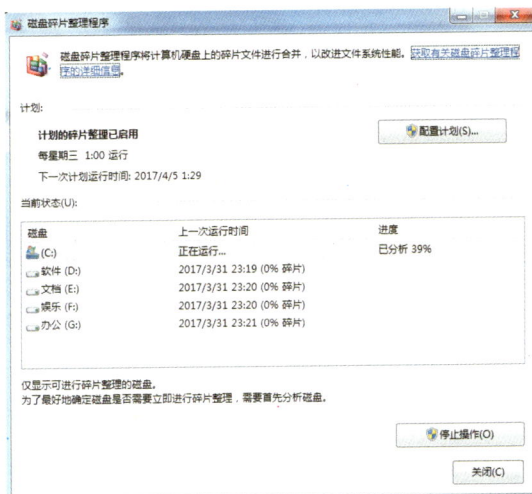

图 4-1　"磁盘碎片整理程序"窗口

图 4-2　分析 C 盘碎片情况

（3）在 C 盘的碎片情况分析完成后，系统显示 C 盘中碎片所占比重为 10%，如图 4-3 所示，这时需要对该磁盘分区进行碎片整理。

（4）单击"磁盘碎片整理"按钮，系统开始进行磁盘碎片整理，如图 4-4 所示。

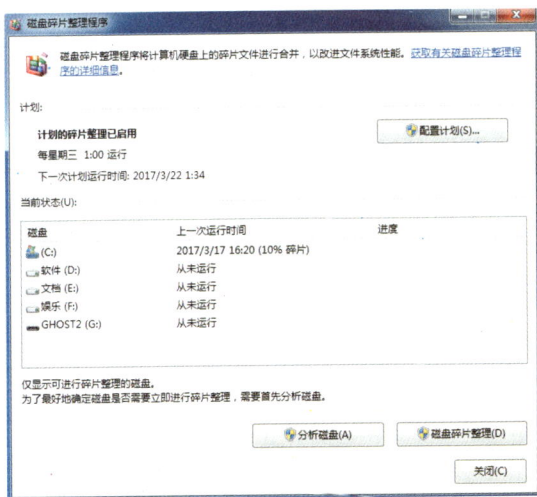

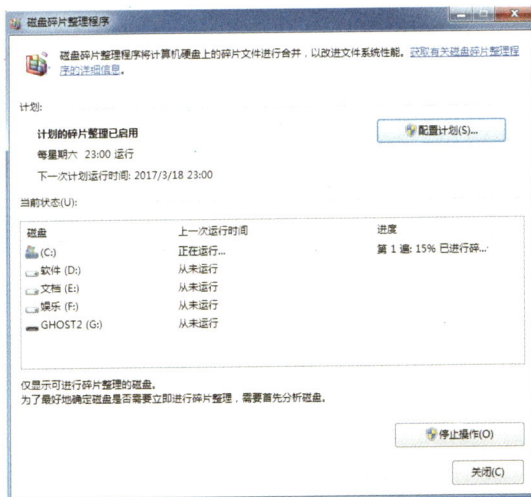

图 4-3　C 盘中碎片所占比重为 10%

图 4-4　进行磁盘碎片整理

（5）在磁盘碎片整理完成后，系统反馈 C 盘碎片整理结果，如图 4-5 所示。从图中可以看出，经过整理，C 盘中碎片所占比重已降为 0%，表明碎片整理效果比较好。

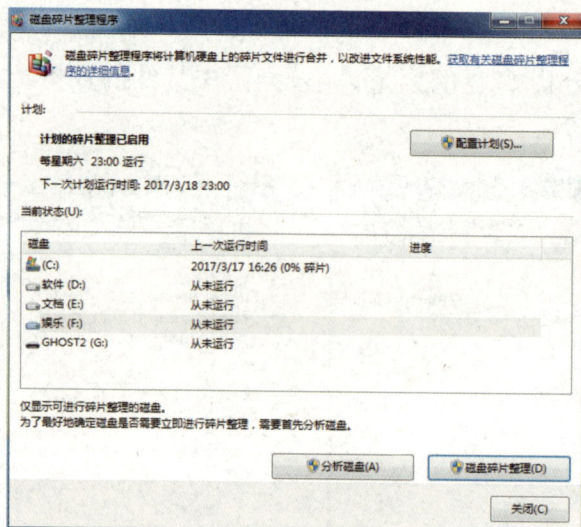

图 4-5 C 盘碎片整理结果

2. 清理无用文件

"磁盘碎片整理"程序是 Windows 系统内置的垃圾文件整理工具，可以查找并删除磁盘中的各种无用文件，包括系统临时文件、浏览器临时文件、回收站文件，以及一些特殊扩展名的文件等，有利于优化计算机系统的运行性能。

实训任务 2 **使用磁盘清理程序清理系统中的无用文件**

【操作步骤】

（1）在 Windows 系统桌面上，右击"计算机"快捷方式，选择"属性"选项，可以在打开的窗口中查看计算机的基本属性，如图 4-6 所示。

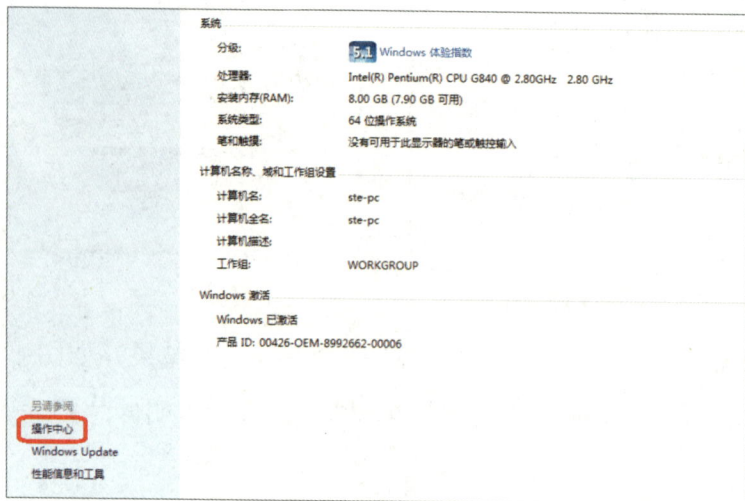

图 4-6 查看计算机的基本属性

（2）单击左下角的"操作中心"链接，打开"操作中心"窗口，如图4-7所示。

图4-7 "操作中心"窗口

（3）单击左侧的"查看性能信息"链接，打开"性能信息和工具"窗口，如图4-8所示。

（4）单击左侧的"打开磁盘清理"链接，打开"磁盘清理：驱动器选择"对话框，如图4-9所示。选择需要清理的磁盘驱动器（如C盘），单击"确定"按钮。

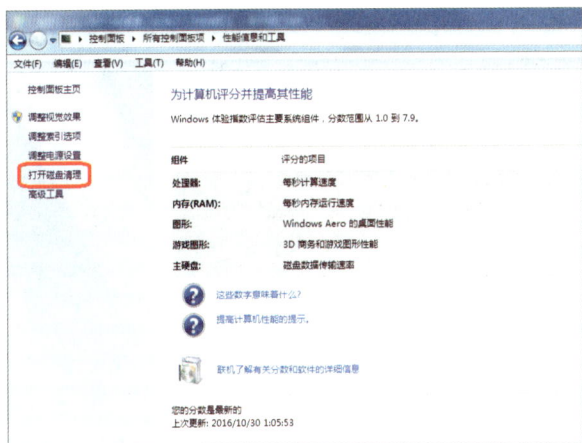

图4-8 "性能信息和工具"窗口

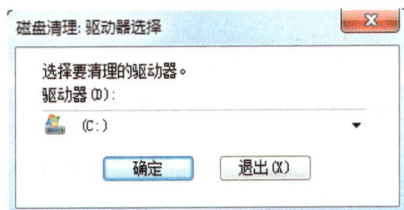

图4-9 "磁盘清理：驱动器选择"对话框

（5）随后系统开始进行磁盘清理。清理程序会计算出可以在C盘上清理多少个无用文件并释放多大空间。可释放空间计算过程如图4-10所示。

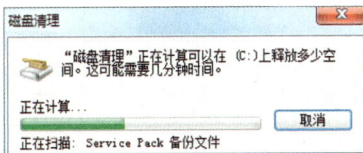

图4-10 可释放空间计算过程

（6）在可释放空间计算完毕后，打开"(C:) 的磁盘清理"对话框，如图4-11所示。勾选需要清除的文件前面的复选框后，单击"确定"按钮开始清理。清理完成后的效果如图4-12所示。

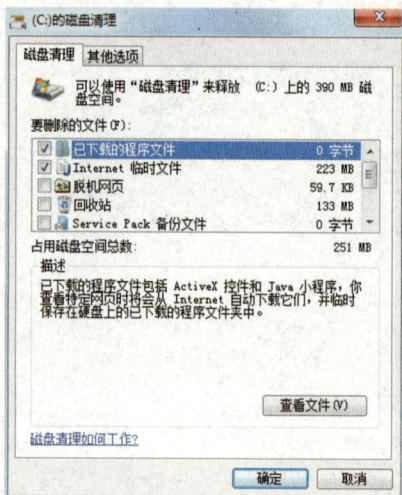

图 4-11 "(C:)的磁盘清理"对话框

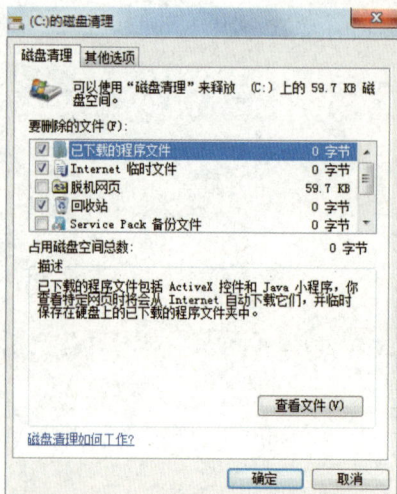

图 4-12 清理完成后的效果

3. 优化系统服务

Windows 系统集成了许多应用功能和后端服务。然而，开启过多的后端服务会对系统的运行速度产生一定的影响。因此，用户可以关闭一些不需要的后端服务，减少对系统资源的占用。

实训任务
3
禁用部分不需要的系统服务

【操作步骤】

（1）在 Windows 系统桌面上，依次选择"开始"→"运行"命令，在打开的"运行"对话框（见图 4-13）中输入"services.msc"命令。

（2）按回车键或单击"确定"按钮，打开"服务"窗口（见图 4-14），显示系统中加载的各种后端服务项目。单击其中一个服务项目，窗口左侧将显示有关该服务的描述信息。

（3）如果要关闭某项服务，如"Bluetooth Support Service"（蓝牙设备支持服务），则需双击该项服务，打开"Bluetooth Support Service 的属性 (本地计算机)"对话框（见图 4-15），显示该服务的常规设置。

（4）在"启动类型"下拉菜单中选择"禁用"选项，先单击"停止"按钮，再单击"应用"按钮，即可停止该项服务。服务停止后的运行状态如图 4-16 所示。

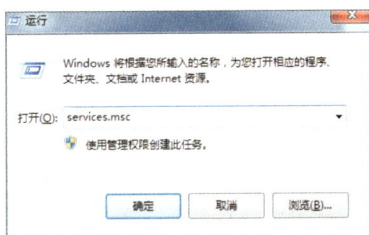

图 4-13 "运行"对话框

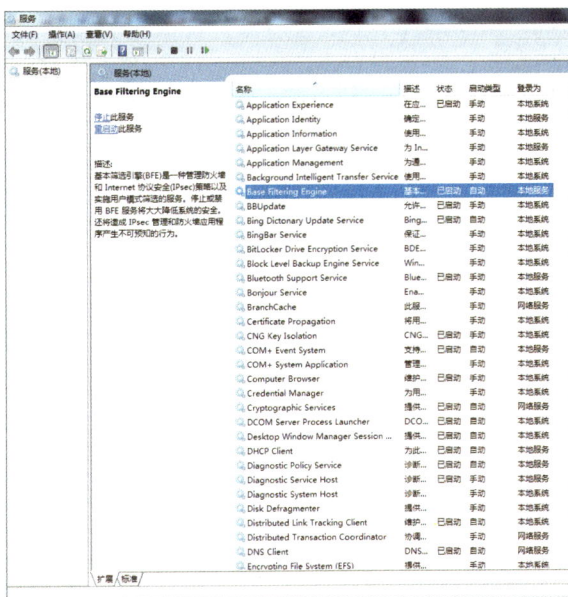

图 4-14 "服务"窗口

图 4-15 "Bluetooth Support Service 的属性

（本地计算机）"对话框

图 4-16 服务停止后的运行状态

【延伸阅读 1：Windows 7 系统中部分可以禁用的服务项】

4．禁用无关启动项目

一些应用软件在安装之后会加载自启动项目，随着系统的启动而在后台自动运行。用户可以禁用不必要的启动项目，以提高系统的工作效率。

实训任务 4   禁用不必要的启动项目

【操作步骤】

（1）在 Windows 系统桌面上，依次选择"开始"→"运行"命令，在打开的"运行"对话框中输入"msconfig"命令，如图 4-17 所示。

（2）按回车键，打开"系统配置"对话框，如图 4-18 所示。

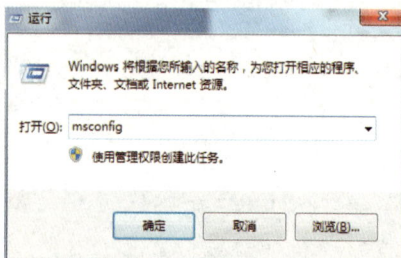

图 4-17　输入"msconfig"命令　　　　　　图 4-18　"系统配置"对话框

（3）选择"启动"选项卡，在列表中显示了伴随系统启动而自启动的项目，如图 4-19 所示。

图 4-19　伴随系统启动而自启动的项目

（4）取消勾选不必要的启动项目前面的复选框，如图 4-20 所示。

（5）单击"确定"按钮，打开"系统配置"对话框，如图 4-21 所示，可以选择是否重新启动计算机。单击"重新启动"按钮，已被禁用的启动项目将不再自启动。

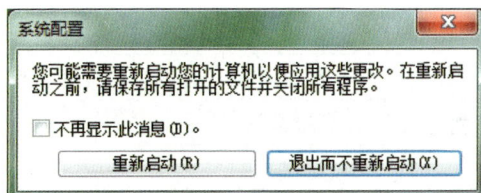

图 4-20　取消勾选不必要的启动项目前面的复选框　　　图 4-21　"系统配置"对话框

电子活页章节 4

使用工具软件优化系统性能

课堂实训　　　　　　　　**优化计算机系统运行性能**

本实训任务将对计算机系统进行常规的优化设置，通过清理与加速系统，优化计算机的运行和办公信息处理性能。

【操作步骤】

（1）对系统中的磁盘分区（如 C 盘）进行一次磁盘碎片整理。

（2）清理 C 盘或其他磁盘分区中的无用文件。

（3）禁用不必要的启动项目。

（4）如果条件允许，则使用软件优化系统运行性能。

（5）在计算机中尝试进行文件或文件夹创建、文件搜索、文档编辑或图片设计等办公操作，体验优化后的系统是否运行更加流畅，系统响应速度是否更快。

（6）在完成课堂实训或相关活动后，请及时关闭计算机和其他设备并切断电源，以此达到节约能源、减少碳排放的目的。

【小组讨论】

（1）在计算机的日常使用过程中，哪些操作可能会导致较多碎片或垃圾文件的产生？

（2）经常使用计算机学习或办公的用户可以通过哪些方法优化系统运行性能，让计算机保持高效、稳定的工作状态？

【能力评价】

实训结束，完成下面实训能力评价表的填写。

"优化计算机系统运行性能"实训能力评价表

实训任务	检查点	完成情况	出现的问题及解决措施
优化计算机系统运行性能	★ 能够对磁盘分区进行碎片整理	□完成 □未完成	
	★ 能够清理系统无用文件	□完成 □未完成	
	★ 能够加快系统响应速度	□完成 □未完成	
	★ 体会计算机系统运行性能优化对办公事务处理的意义	□完成 □未完成	

【延伸阅读 2：认识计算机恶意程序】

【延伸阅读 3：我国面临的网络安全挑战，以及相关政策、法律法规】

电子活页章节 5

Windows 7 系统基本设置

电子活页章节 6

加固计算机系统安全效能

思考与实践

1. 什么是磁盘碎片？磁盘碎片通常是如何产生的？对计算机系统的正常运行有什么影响？

2. 在实训计算机上整理磁盘碎片。

3. 清理 Windows 系统临时文件夹和 IE 临时文件夹中的垃圾文件。

4. 在 Windows 系统中禁用部分不必要的启动项目。

5. 使用 Windows 优化大师或其他软件对计算机进行自动优化。

【素养寄语】

在当今信息化社会中，效率是企业的生命，而安全则是效率的保障。作为现代信息化办公人员，只有具备基本的效率观和安全观，对待工作不拖沓，有熟练的职业技能与足够的安全意识，保护好各项敏感数据，才能保证工作的顺利开展。

办公文档处理场景

/

职业情景导入

随着市场旺季的到来，公司计划举办一次大型营销活动，开拓新的市场领域和业务渠道，需要准备多种材料并与客户签订相关合作协议。

老张　根据公司的计划，我们会和业务部一起准备活动材料，需要使用相应的办公文档处理设备。

好的。那我应该如何准备这些营销材料呢？　**小燕**

老张　除了参与市场活动的讨论，我们还要协助业务部形成文档方案，并按照需要进行办公文档的打印、复印、扫描、录入，以及传真的发送，为后续与客户进行高效的交流做准备。

工作任务分析

本单元通过对办公文档处理设备基础知识的一站式介绍，帮助学生熟悉办公文档处理场景的职业特点与工作要求，让其掌握多样化的办公文档处理方法，理解低碳、节约的现代办公理念，同时能够运用办公文档处理设备去发现美、培养美、创造美，通过审美来陶冶情操、启迪智慧、发展个性。

知识学习目标

- 了解办公文档处理设备的基本特点
- 熟悉办公文档处理设备的使用方法
- 熟悉办公文档处理设备的维护与选购策略

能力培养目标

- 能够辨识办公文档处理设备的基本构成
- 能够操作与维护常见的办公文档处理设备
- 能够解决办公文档处理设备的简单问题

价值塑造目标

- 培育精益求精、开拓创新的工匠精神
- 涵养积极、乐观、阳光、向善的精神品格
- 提升健康、和谐的美学修养与审美品位

实践场景三
办公文档处理场景

职业实践项目 5　熟悉办公打印设备

📋 项目概述

　　本项目侧重介绍激光打印机、喷墨打印机、针式打印机的常见类型、基本构成、性能指标、常用耗材、保养与维护策略，以及选购策略等内容，并简单介绍 3D 打印机、大幅面打印机、标签打印机、证卡打印机等特殊打印设备，便于学生掌握办公打印设备的相关知识。

✔ 项目分析

　　本项目从商务、制造、仓储、商贸等业务场景中的文档打印需求入手，较为全面地介绍办公打印设备的相关知识，引导学生学习与掌握办公打印设备的使用、维护和选购策略，并助其明确基本的学习思路，达到举一反三、更好地进行实践的目标。

➡ 项目实施

　　打印机（Printer）是计算机重要的输出设备之一，也是一种应用率很高的办公设备，其主要功能是将计算机中的文字、表格、图形、图像等数字化信息输出并印制到纸张介质上。

　　按照打印技术的不同，可以将打印机分为激光打印机、喷墨打印机、针式打印机、

白 / 彩色打印速度不低于 25ppm，双面打印速度不低于 20ppm。

（2）打印分辨率。

打印分辨率反映的是每平方英寸内可以显示的像素点个数，它决定了打印机的输出质量和打印精密程度。目前，激光打印机的分辨率大多为 600×600dpi（适用于普通文档打印）或 1200×1200dpi（适用于高精度色彩打印）。分辨率越高，打印效果就越好。

（3）处理器频率。

处理器是激光打印机的"心脏"，其运行速度直接影响着打印机的输出速度。目前激光打印机的处理器频率一般不低于 200MHz。

（4）内存容量。

内存用于存储作业队列中待打印的数据，对于大批量打印、网络打印、大文档打印等打印需求，内存起着非常关键的作用。主流激光打印机通常配置 256MB 以上的内存，超高速激光打印机还会配置 512MB 或 1GB 的内存。

（5）首页打印时间。

首页打印时间是指激光打印机从接收计算机下达的打印命令，到输出第一页纸张内容所花费的时间。对于常见 A4 幅面的纸张，激光打印机通常可以在 10s 内完成首页的打印工作，一些打印机还能把这个时间缩短至 5s 以内。

首页打印时间是衡量打印机输出速度的重要性能参数。打印文档比较频繁的用户应选择首页打印时间较短的产品，避免由于过多等待而浪费时间。

（6）最大打印能力。

最大打印能力指的是激光打印机所能承受的最大打印限度，决定了激光打印机的可靠性，一般描述为每个月最多能打印的页数，即月打印负荷。目前，主流激光打印机的月打印负荷已达到 20000 页以上；高端型打印机的月打印负荷可以超过 50000 页。

> 【延伸阅读 1：激光打印机其他重要的性能指标】

4. 激光打印机的常用耗材

打印机在工作时需要搭配使用特定的材料。激光打印机的配套耗材主要为硒鼓与碳粉。

硒鼓又被称为"硒鼓"，是一种圆筒形光导物体，负责处理激光打印的关键流程。硒鼓是激光打印机的核心部件，集成了超过 70% 的成像元件，对打印质量起着决定性的作用。图 5-4 所示为用于黑白激光打印机的单色硒鼓。

碳粉又被称为"墨粉"，是一种带有正电荷或负电荷的特殊细微树脂颗粒，也是硒鼓在显影过程中的主要原材料，需要注入硒鼓的粉盒与硒鼓一起使用。碳粉的制造技术是各家打印机厂商的核心技术。不同品牌的打印机厂商通常会采用不同的碳粉制造技术。因此，打印机对碳粉也存在一定的适应性，在一般情况下，不可以混用打印机与碳粉。图 5-5 所示为一套四色碳粉盒，从左到右依次为蓝色、黑色、黄色、洋红色碳粉。

图 5-4　用于黑白激光打印机的单色硒鼓

图 5-5　四色碳粉盒

硒鼓需要放置在激光打印机前部的硒鼓仓中。对于具备多个硒鼓插槽的彩色激光打印机，应根据硒鼓插槽上的彩色编码图示，将各个硒鼓插入对应的插槽中。图 5-6 所示为黑白激光打印机的硒鼓仓；图 5-7 所示为彩色激光打印机的硒鼓仓。

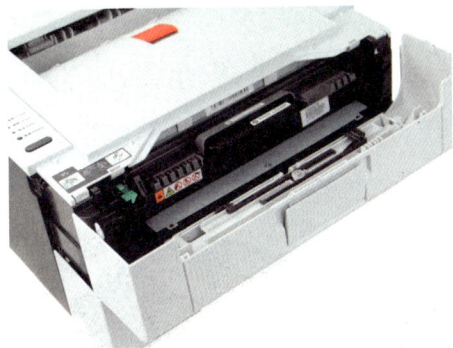

图 5-6　黑白激光打印机的硒鼓仓

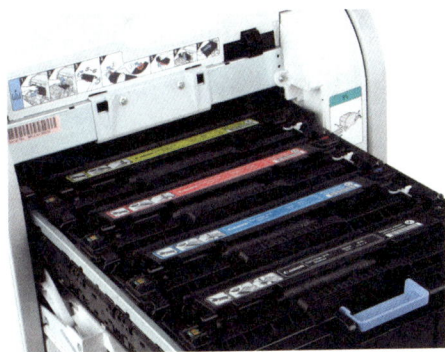

图 5-7　彩色激光打印机的硒鼓仓

【延伸阅读 2：硒鼓的分类】

【延伸阅读 3：激光打印机在办公行业的使用优势】

5．激光打印机的保养与维护策略

激光打印机往往需要承担长时间、频繁性的打印工作。用户需要使用正确的操作方法，注意对激光打印机重要部件的保养与维护，以免打印机过早损坏或出现故障。

（1）避免高温和光照。

激光打印机是通过光电作用和碳粉加热来实现打印功能的。由于硒鼓对整个打印过程非常重要，因此要避免阳光直射打印机或打印机所处室温过高，同时，需消除机内静电，尽量保持恒温、恒湿状态，以降低对硒鼓和光学暗盒等部件的影响。

（2）正确处理卡纸故障。

卡纸是激光打印机比较常见的故障。当出现卡纸现象时，应先切断电源，打开机箱，双手轻轻拽着被卡住的纸张，沿着走纸的方向，缓慢地将卡纸从打印机中抽取出来。图 5-8 所示为双手抽出卡住的纸张示意。切勿用力硬拽纸张，更不能用螺丝刀、镊子等利物来撬动纸张，以免损伤热辊薄膜，影响打印质量。

为降低卡纸现象的发生率，最好选购优质的打印纸进行打印。在放置打印纸之前，可以先将打印纸像翻书页一样打开并抖动几次，确保纸张能够单独分离。此外，还要确保打印纸是平整与干燥的，不能将装订针、曲别针等异物放入打印机的纸盒。

（3）适当清洁打印机部件。

激光打印机在长时间使用之后，机体内部容易残留一些碳粉、碎纸屑等杂质，从而影响打印的运转和成像质量，可以定期清洁激光打印机的相关部件。在清洁时需要关闭打印机并切断电源，使用柔软的干净纱布、无绒软布或者吸附功能较强的清洁纸，清理内壁、滚轮和纸道上的粉尘；也可以用软毛刷清洁转印辊、静电消除器、送纸导引和分离爪。图 5-9 所示为可以简单清洁的激光打印机的内部空间。

图 5-8　双手抽出卡住的纸张示意

图 5-9　可以简单清洁的激光打印机的内部空间

（4）及时更换臭氧过滤器。

激光打印机在工作过程中会释放臭氧，这些臭氧会被专门的过滤器吸收。在多数情况下，每打印 50000 页纸张，臭氧过滤器的过滤效果就会有较为明显的降低。为了避免吸入过量的臭氧，用户可以定期更换新的臭氧过滤器，并注意改善办公区域的通风情况，切忌将打印机的排气口正对着办公人员的头部。

6. 激光打印机的选购策略

用户在选购激光打印机时，不仅要着眼于打印机的技术性能和总体成本等因素，还要考虑其附属功能及各种易于安装和操作的设计特点。

（1）根据业务需要选购黑白激光打印机或彩色激光打印机。

在日常办公业务中，单色黑白打印方式仍然占据主流地位。由于彩色激光打印机成本较高，不适合大批量的文档打印，因此黑白激光打印机是大多数办公打印场景的首选机型。

对于广告设计、市场营销、工程制图和出版编辑等行业，彩色激光打印机具备专业的打印品质，能够打印出令人赏心悦目的彩色文档、宣传手册、设计图样和广告传单，视觉呈现效果优异。

（2）切勿忽略打印机的稳定性能。

企业用户需要频繁打印文档，每月打印纸张页数可达数千页乃至数万页。如此高负荷量的连续运行对于激光打印机的稳定性与可靠性要求很高。因此，用户需要注意月打印负荷，以及打印机的机械结构和硒鼓用料。

在选购激光打印机时，可先对本单位每个月的打印需求总量进行简单估算，以免过多损耗打印机部件。用户可参考以下估算示例方法：每月打印需求量 = 每个用户的大概日打印量 ×22 个工作日 × 需要打印的用户人数。在此基础上选购月打印负荷大于月打印需求量的激光打印机。

（3）保证附属功能的实用性。

一些激光打印机配置了具有实用性的附属功能，可供用户按需选择。例如，自动双面打印功能可省去传统打印手动翻页的烦琐操作，能够节省 50% 的纸张费用并减小一半的文档打印厚度。另外，内置的网络连接功能模块能将打印机作为独立设备连接到网络中，实现各网络用户的远程直接打印，可有效提高用户的工作效率。

（4）了解激光打印机的主流品牌。

在激光打印机市场中，知名度较高的品牌有联想（Lenovo）、奔图（Pantum）、得力（deli）、惠普（HP）、佳能（Canon）、兄弟（brother）、三星（Samsung）、京瓷（Kyocera）、理光（Ricoh）、富士胶片商业创新（FujiFilm）、利盟（Lexmark）、震旦（Aurora）、冲电气（OKI）、柯尼卡美能达（Konica Minolta）等。

下面分别介绍两款具备自主、安全、可控特性的国产办公型黑白激光打印机与彩色激光打印机产品。

图 5-10 所示为联想领像 LJ2320DN 商务办公型黑白激光打印机（信创产品）；图 5-11 所示为奔图 BP5155DN 商务办公型黑白激光打印机（信创产品）。

图 5-10 联想领像 LJ2320DN 商务办公型
黑白激光打印机

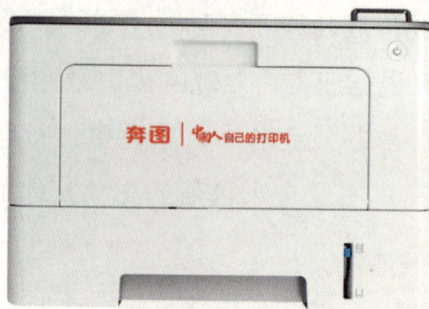

图 5-11 奔图 BP5155DN 商务办公型
黑白激光打印机

表 5-1 所示为联想领像 LJ2320DN 商务办公型黑白激光打印机和奔图 BP5155DN 商务办公型黑白激光打印机的主要配置。

表 5-1 两款国产商务办公型黑白激光打印机的主要配置

	联想领像 LJ2320DN 商务办公型黑白激光打印机配置	奔图 BP5155DN 商务办公型黑白激光打印机配置
最大打印幅面	A4	A4
最高分辨率	1200×1200dpi	1200×1200dpi
最快打印速度	26ppm	39ppm
处理器频率	525MHz	1.2GHz
内存容量	256MB	512MB
首页打印时间	＜ 8.5s	＜ 6.9s
硒鼓类型	鼓粉分离式	鼓粉分离式
月打印负荷	≥ 10000 页	≥ 80000 页
适配 CPU/ 操作系统	国产 CPU/ 统信 UOS、麒麟 V10、Windows 等	国产 CPU/ 统信 UOS、麒麟 V10、Windows 等
其他功能	双面自动打印；有线网络打印	双面自动打印；有线网络打印
质保服务	3 年整机保修和系统适配	3 年整机保修和系统适配

注：上述数据来源于市场信息，仅供参考。

【延伸阅读 4：传统型商务办公激光打印机配置方案】

图 5-12 所示为奔图 CP5055DN 彩色激光打印机（信创产品）；图 5-13 所示为奔图 CP5165DN 红黑双色激光打印机（信创产品）。

表 5-2 所示为奔图 CP5055DN 彩色激光打印机和奔图 CP5165DN 红黑双色激光打印

机的主要配置。

图 5-12　奔图 CP5055DN 彩色激光打印机　　图 5-13　奔图 CP5165DN 红黑双色激光打印机

表 5-2　两款国产办公型彩色激光打印机的主要硬件配置

	奔图 CP5055DN 彩色激光打印机配置	奔图 CP5165DN 红黑双色激光打印机配置
最大打印幅面	A4	A4
最高分辨率	1200×1200dpi	1200×1200dpi
最快打印速度	38ppm（黑 / 彩同速）	37ppm（黑 / 彩同速）
处理器频率	双核 1GHz	双核 1GHz
内存容量	1GB	1GB
首页打印时间	2.6s	＜ 7.5s
硒鼓类型	鼓粉分离式	鼓粉分离式
月打印负荷	≥ 100000 页	≥ 100000 页
适配 CPU/ 操作系统	国产 CPU/ 统信 UOS、麒麟、Windows 等	国产 CPU/ 统信 UOS、麒麟、Windows 等
其他功能	双面自动打印；有线网络打印；内置可信计算 3.0 技术	双面自动打印；有线网络打印；支持红黑双色公文打印和密码打印
质保服务	3 年整机保修和系统适配	3 年整机保修和系统适配

注：上述数据来源于市场信息，仅供参考。

课堂实训　　　　**使用激光打印机体验绿色办公**

　　本实训任务可以让学生熟悉激光打印机的外观结构和主要耗材，了解激光打印机的安装、测试、常规打印等操作，培养学生高效、环保、节能的现代绿色办公理念。

【操作步骤】

　　（1）准备一台激光打印机（黑白激光打印机或彩色激光打印机均可），检查该打印机的配件和线缆是否完好与齐全。

　　（2）在任课老师的指导下，认识激光打印机的 ADF 自动进稿器、激光单元、定影单元、硒鼓仓，以及传动模组等基本部件。

（3）打开前盖，取出硒鼓仓，认识硒鼓仓的主要零部件、进粉口及其内部结构，并了解卡纸的常见位置和简单处理方法。

（4）将打印机接上实训计算机并通电开机，使用打印机自带的光盘安装驱动程序，也可以通过驱动精灵、360硬件大师等软件来安装驱动程序。

（5）安装完成后，使用测试功能打印测试页，检查能否正确完成测试页的打印。

（6）打印一张文档和一张图片，观察打印机在打印速度、清晰度、噪音等方面的表现，并对比文字和图片的打印效果。

（7）尝试进行横向打印、双面打印（自动或手动）、奇/偶数页打印等操作，体验常用的打印功能。注意要充分利用回收纸，避免纸张浪费。

【小组讨论】

（1）激光打印机适用于哪些办公环境？黑白激光打印机和彩色激光打印机分别适合打印什么类型的文档？

（2）可以使用什么方法，在保障学习和工作质量的同时，尽量节约电能、纸张、打印耗材、实训物品等资源？

【能力评价】

实训结束，完成下面实训能力评价表的填写。

"使用激光打印机体验绿色办公"实训能力评价表

实训任务	检查点	完成情况	出现的问题及解决措施
使用激光打印机体验绿色办公	★ 能够辨识激光打印机的内部与外部基本结构	□完成　□未完成	
	★ 熟悉硒鼓和碳粉的主要作用，了解硒鼓的基本构成	□完成　□未完成	
	★ 能够正确安装激光打印机	□完成　□未完成	
	★ 掌握常规的文档打印操作	□完成　□未完成	
	★ 实训过程中能够合理利用资源，节约耗材和电能	□完成　□未完成	
	★ 体会绿色环保理念对现代信息化办公的意义	□完成　□未完成	

思考与实践

1. 黑白激光打印机和彩色激光打印机在功能及耗材方面有什么区别？

2. 决定激光打印机性能的主要指标有哪些？

3. 激光打印机在出现卡纸现象时，应该如何取出纸张？

4．为了降低卡纸现象的发生率，保护机械部件，在日常打印时应注意哪些事项？

5．观察教室、实训室、办公室、活动中心等公共场所的资源使用情况，是否存在随意丢弃或过度使用纸张、资料、书籍、耗材、清洁用具等现象？请提出相关资源优化建议（可以从回收纸张再利用、书籍循环使用、物品合理分配等方面考虑）。

6．▲【选做练习】社会应用实践：在平时各类办公文档处理设备的实训过程中，如果产生耗材、零部件等废旧物品（如硒鼓、墨盒、色带、光盘、电池等），则可以先将这些废旧物品统一收集与存放，并做好类型、品牌、规格、功能、数量等信息的记录，在期末时报请学校相关责任部门，联系厂商或再生资源企业的专业人员对废旧物品进行上门回收，并向专业人员分类了解这些废旧物品的循环利用过程和再造品特点，提升环保意识，培养绿色办公理念。

任务 2　熟悉喷墨打印机

喷墨打印机（Ink-Jet Printer）主要通过将打印喷头中的墨水或墨滴喷射到打印介质上而形成文字与图像。由于墨水本身具有各种特定的颜色，因此喷墨技术能在介质上产生清晰、鲜艳的色泽效果，并为用户带来比较美观、溢彩的视觉欣赏体验。

1．喷墨打印机的常见类型

喷墨打印机包含多种细分类型，可以适应各种不同的应用场合。

根据打印用途的不同，可以将喷墨打印机分为普通喷墨打印机、照片级喷墨打印机和便携式喷墨打印机等几种类型。其中，照片级喷墨打印机一般携带数码读卡器，并内置图片编辑处理软件，可以直接连接数码相机和存储卡，独立完成数码照片的打印，通常面向商务办公人员、广告设计师、美工美编人员、摄影爱好者等用户。便携式喷墨打印机体积小巧，机身重量往往不超过 1kg，携带比较方便，多用于需要移动办公打印的环境。图 5-14 所示为照片级喷墨打印机；图 5-15 所示为便携式喷墨打印机。

图 5-14　照片级喷墨打印机　　　　图 5-15　便携式喷墨打印机

根据墨水合成技术的不同，可以将喷墨打印机分为三色打印机、四色打印机、五色打印机、六色打印机、八色打印机、十色打印机和十二色打印机等多种类型。图 5-16

所示为喷墨打印机常用的彩色墨水／墨盒，从左到右依次为四色墨水、六色墨盒与八色墨盒。

（a）四色墨水

（b）六色墨盒

（c）八色墨盒

图 5-16　喷墨打印机常用的彩色墨水／墨盒

【延伸阅读 5：各种色彩合成技术的特点简介】

根据输出幅面的不同，可以将喷墨打印机分为 A4 幅面型喷墨打印机、A3 幅面型喷墨打印机和 A2 幅面型喷墨打印机等类型。图 5-17 和图 5-18 所示分别为 A3 幅面型喷墨打印机和 A2 幅面型喷墨打印机。

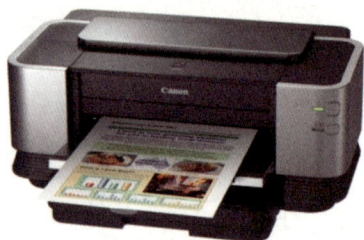
图 5-17　A3 幅面型喷墨打印机

图 5-18　A2 幅面型喷墨打印机

2．喷墨打印机的性能指标

喷墨打印机通常由打印喷头、墨盒、清洁机构、字车部件、走纸部件、主控电路、驱动电路、传感器检测电路及接口电路等构成，其核心性能主要由以下指标决定。

（1）打印分辨率。

喷墨打印机的分辨率越高，喷墨输出效果就越精细，色彩呈现就越逼真，然而打印输出时间也会越长。目前，主流喷墨打印机的分辨率大多在 1200×1200dpi 以上，照片级喷墨打印机的分辨率可超过 5760×1440dpi。

（2）打印速度。

喷墨打印机的打印速度分为黑白打印速度和彩色打印速度两种类型。前者通常用于描述文档打印，速度一般比较快；后者则用于描述彩色图片打印，速度相对慢一些。

目前，喷墨打印机的输出速度大多在 20ppm 以上，商用喷墨打印机的输出速度可以达到 30ppm 以上。

（3）最小墨滴。

喷墨打印机打印喷头控制的墨滴大小是决定打印精度的一项关键指标。打印喷头射出的墨滴越小，打印出来的图像拥有的颗粒感就越强。喷墨打印机一般都要求具备较小的喷出墨滴，其墨滴应控制在 4pl（微微升）以内，而 2pl 以下的墨滴则能够使色彩具备更好的深层展现效果。

（4）打印幅面。

不同用途的喷墨打印机所能处理的介质、幅面是存在差异的。普通喷墨打印机主要处理的是 A4、A5 和 B5 等常见幅面的办公文档；照片级喷墨打印机主要用于处理 A6 幅面的照片纸；工程晒图、户外广告绘图的处理则主要通过 A3 或 A2 幅面的机型来完成。

（5）打印介质类型。

喷墨打印机一般可以使用普通纸、复印纸、高光喷墨打印纸、光泽照片纸、亚光照片纸、重磅粗面纸、双面粗面纸和信封纸等介质进行打印，一些喷墨打印机还能打印光盘背面、照片贴纸、T 恤转印介质、PVC 喷墨打印纸等特殊介质。图 5-19 所示为一种彩色喷墨打印纸。

图 5-19　彩色喷墨打印纸

3．喷墨打印机的常用耗材

喷墨打印机的常用耗材主要为墨盒与墨水。墨盒用来存放专用的碳素墨水，并与控制电路协调工作，最终完成打印过程。

（1）墨盒。

市场上常见的墨盒包括一体式墨盒与分体式墨盒两种类型。

一体式墨盒将打印喷头集成在墨盒上，用户不能拆卸，在墨水用完后需要将墨盒连同打印喷头一起更换。由于在墨水用完之后需要更换打印喷头，因此一体式墨盒能实现较高的打印精度和打印质量，但这也导致墨盒的售价相对较高，增加了打印成本。

分体式墨盒将打印喷头和墨盒分开设计，用户在更换墨盒的同时能够保留打印喷头，这样既可以降低耗材成本，又能简化用户拆装墨盒的过程。但打印喷头的长期使用会在一定程度上造成打印质量的降低，并缩短打印喷头的使用寿命，因此需要定期对打印喷头进行清洁与维护。

（2）墨水。

打印墨水一般分为染料墨和颜料墨两大类。染料墨属于水溶性墨水，可以完全溶解在水中，具有喷打流畅、色域宽广、色彩艳丽、成像效果好等特点；颜料墨不能溶于水，需要超细分散后才能使用，其特点是色域较窄、色彩较暗，但喷打文字锐利、成像无毛边、防水、耐晒，即使长期存储也不易扩散。目前，原厂搭配的黑色墨水大多采用颜料墨，而彩色墨水则一般采用染料墨。

4.　喷墨打印机的保养与维护策略

墨水和专用纸张往往会造成喷墨打印成本的居高不下，因此用户平时需要掌握正确的使用、保养与维护方法，让喷墨打印机产生更加经济的使用效益。

（1）勿使用劣质打印纸。

对于需要打印高清图片和照片的用户，建议选购质量较好的复印纸、照片打印纸或喷墨打印纸，并注意观察纸张是否致密、纸面是否光洁。纸张上面不能带有过多的纸粉，以减轻打印喷头的磨损，延长打印机的使用寿命。

（2）养成正确关机的良好习惯。

在用完打印机之后，用户要记得按下电源按钮，正确关闭打印机，切勿直接拔掉电源插头或关闭电源转换器。强行关机会使得打印喷头不能及时复位，造成打印喷头定位故障，还可能堵塞打印喷嘴，导致打印机出现各种故障。

（3）避免频繁清洁打印喷头。

清洁打印喷头可以在一定程度上提高喷墨打印质量，但亦会浪费不少墨水。在正常情况下，只有在发现打印效果严重下降时才有必要清洁打印喷头。用户可以在驱动管理软件中将打印喷头设置为手动清洁，这样就能按需执行清洁操作，从而节省墨水，避免浪费。

5.　喷墨打印机的选购策略

在高清数码展示日益普及的今天，人们对图片和照片的打印要求不断提升。面对市场上众多的喷墨打印设备，用户在选购时应注意以下几点。

（1）打印分辨率：横向和纵向同样重要。

横向分辨率和纵向分辨率均会影响照片的整体打印效果，如果某项分辨率过低，则容易产生视觉上的瑕疵。

一般来说，分辨率为4800×1200dpi的喷墨打印机已经足够办公和家庭用户使用了，而更高分辨率（如5760×1440dpi或9600×2400dpi）的照片级彩色喷墨打印机由于具备优异的打印品质，因此能够更好地提升高清彩色打印水平。

（2）色彩管理效果：尽量选购六色以上墨盒。

如今，数码照片的色彩越来越丰富，很多单反高清照片的输出对喷墨打印方式提出了更高的要求。然而，由于基本的四色照片级喷墨打印机往往显得力不从心，因此商用彩色打印机用户可考虑选购六色或八色照片级喷墨打印机，可以让色彩的过渡更加自然、画质的清晰度更高、画面的分层效果更加明显，能有效满足商业会议、产品设计、市场宣传等业务打印需要。

（3）后期使用成本：综合考虑墨盒、纸张等耗材投入。

喷墨打印机的购机成本并不高，但打印成本和纸张要求都比较高，属于一种"低价买入、高价使用"的奢侈消费品。其成本主要集中在耗材（尤其是墨盒与专用纸）上，这些是决定后期打印成本的重要因素。

如果想要打印出效果比较理想的图片和照片，则建议使用厂商原装相纸搭配原装墨盒。其打印质量高于兼容相纸和普通墨水。同时，尽量不要在廉价的兼容相纸上浪费价格不菲的原装墨水。

（4）产品附加值：提升功能价值与增值服务。

除了应用于商用场合，喷墨打印机还走进了家居环境中，很多家庭用户需要打印学习资料、烹饪菜谱、旅游专辑照片，以及个性化的生活照、艺术照、明信片等。图 5-20 所示为使用彩色打印机打印的个性化照片——家庭生活照与复古怀旧型相册。

不少喷墨打印机安装了照片编辑软件，不仅简单易用，还具有丰富的趣味照片打印功能，如采用趣味滤镜实现的照片美化和修饰效果，以及各种有趣的打印素材，可以帮助用户完成精美的手工设计作品。附加软件和编辑美化工具能为喷墨打印机的日常使用和商业设计带来诸多乐趣，同时更好地提升打印机的功能价值。

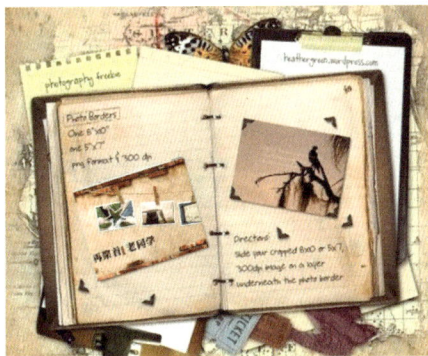

（a）家庭生活照　　　　　　　　　　（b）复古怀旧型相册

图 5-20　使用彩色打印机打印的个性化照片

（5）市场主流品牌：侧重知名度与技术特色。

在当今的喷墨打印机市场中，联想（Lenovo）、利盟（Lexmark）、爱普生（Epson）、佳能（Canon）、惠普（HP）、富士胶片商业创新（FujiFilm）、三星（Samsung）、兄弟（brother）、佳博（Gprinter）等是比较知名的主流品牌。

而在照片级喷墨打印机市场中，爱普生、佳能和惠普的实力尤为突出。这三大品牌无论是照片色彩表现还是整体打印功能都各有深厚的造诣，在耗材的效用上也各具特色，垄断了大部分的彩色照片级喷墨打印机市场。

【延伸阅读 6：喷墨打印机的主流品牌特点】

图 5-21 所示为爱普生 3011 商务办公型喷墨打印机；图 5-22 所示为佳能腾彩 PIXMA PRO-200 EOS 影像级专业照片打印机。

图 5-21 爱普生 3011 商务办公型喷墨打印机　　图 5-22 佳能腾彩 PIXMA PRO-200 EOS 影像级专业照片打印机

表 5-3 所示为爱普生 3011 商务办公型喷墨打印机和佳能腾彩 PIXMA PRO-200 EOS 影像级专业照片打印机的主要配置。

表 5-3 两款商务办公型喷墨打印机的主要配置

	爱普生 3011 商务办公型喷墨打印机配置	佳能腾彩 PIXMA PRO-200 EOS 影像级专业照片打印机配置
最大打印幅面	A4	A3+
最高分辨率	5760×1440dpi	4800×2400dpi
内存容量	64MB	128MB
墨盒类型	四色分体式墨盒	八色分体式墨盒，影像级染料墨水
最小墨滴	2pl	2pl
打印介质	普通纸、高质量的光泽照片纸等	优质专业照片纸、专业绒面照片纸、重磅艺术纸、专业油画布等
打印负荷	12000 页／月	3000 页／年

续表

	爱普生 3011 商务办公型喷墨打印机配置	佳能腾彩 PIXMA PRO-200 EOS 影像级专业照片打印机配置
其他功能	智能墨滴变换技术；无线／有线网络打印；逆序打印	OGI 色彩处理系统；5GHz 无线直连打印；EOS 一体化集成；即拍即印
质保服务	1 年整机全国联保	1 年整机全国联保

注：上述数据来源于市场信息，仅供参考。

课堂实训　熟悉彩色打印，提升美学素养

本实训任务可以让学生熟悉喷墨打印机的基本构成和主要耗材，掌握喷墨打印机的安装、测试、彩色打印等操作，帮助学生体验图片色彩构成，并培养其现代办公理念及美学思维意识，以更好地发展学生的个性，提升美学素养。

【操作步骤】

准备一台喷墨打印机，认识其打印喷头、墨盒、清洁机构、字车部件、走纸部件等基本部件，以及普通纸、专用纸等打印介质。

（1）连接打印机与实训计算机，安装打印机驱动程序。

（2）打印一张带有文字、图表或图片的文档（Word、Excel、PPT 文档均可），感受打印的文档在视觉上的舒适性，用于交流和展示是否具有美感。

（3）查阅互联网资料，或从现有照片中选择并打印一张体现生活或生命之美的照片，并观察这张照片的色彩和画质，感受照片所蕴含的美感与意境。

（4）如果已有一定的图形、图像设计基础，则可事先设计并制作一张图片（如简易的静物、风景、人物风采等风格的图片），融入自己对于美的感悟与理解，合理运用色彩构成和布局，展示美感特质，并进行彩色打印与展示。

（5）尝试使用其他打印功能。注意要充分利用回收纸，避免纸张浪费。

【小组讨论】

（1）喷墨打印机适用于哪些工作环境？其自身具有什么优势？

（2）在日常学习和生活中，如何借助色彩的构成与输出发现美、培养美、创造美？如何通过对周围事物的审美来陶冶情操、启迪智慧，使个性获得和谐发展？

【能力评价】

实训结束，完成下面实训能力评价表的填写。

"熟悉彩色打印，提升美学素养"实训能力评价表

实训任务	检查点	完成情况	出现的问题及解决措施
熟悉彩色打印，提升美学素养	★ 能够辨识喷墨打印机的内部与外部基本结构	□完成　□未完成	
	★ 熟悉墨盒与墨水颜色的类型	□完成　□未完成	
	★ 实训过程中能合理利用资源，节约耗材和电能	□完成　□未完成	
	★ 能够从美学的角度打印办公类文档、生活类图片或照片	□完成　□未完成	
	★ 初步学会使用彩色打印机创造现实美和艺术美，提升审美品位与美学修养	□完成　□未完成	

思考与实践

1. 喷墨打印机有哪些常见的类型？

2. 从外观上看，喷墨打印机主要包含哪些部件？

3. 决定喷墨打印机品质和性能的参数有哪些？

4. 喷墨打印机通常使用哪几种类型的耗材？

5. 经常打印彩色文档和图片的用户应如何对喷墨打印机进行保养和维护，以尽量延长打印机的使用寿命？

6. ▲【选做练习】美学体验实践：利用智能手机拍摄一组校园人文景色、文体活动等类型的照片，风格不限，观察和感受其健康、阳光或温馨之美，然后选取部分具有代表性的作品，以小组或班级为单位，打印、制作成一本可展示美感特质的个性化相册，在交流的过程中体会作品中蕴含的美学元素。

电子活页章节 7

熟悉针式打印机

【延伸阅读 7：各类针式打印机简介】

【延伸阅读 8：针式打印机的性能参数】

任务 3　熟悉特殊打印设备

除了上述几类常见的打印机，还有其他一些特殊类型的打印设备，多应用于广告 / 工业设计、商贸零售、物流仓储、人事管理等打印场合。

1．3D 打印机

3D 打印机所使用的 3D 打印技术是一项快速成型的技术，它以数字模型为基础，采用粉末状金属或塑料等可黏合材料，通过逐层打印的方式来构造真实物体。3D 打印技术由来已久，在 20 世纪 90 年代便已经发展成熟。如今，3D 打印技术已经成为一种潮流而风靡世界，并开始走进日常办公与生活场景。

作为一项新型的产品制造技术，3D 打印技术能将计算机设计的虚拟蓝图模型直接输出、转化为三维实体模型，极大地增强了设计作品的体验感和交流演示的逼真感。人们利用 3D 打印技术来制造服装、汽车、玩具、办公用品、建筑模型、工业模具、复杂的金属零件及可以直接投入使用的房屋等真实可用的物品，甚至可以打印颇具特色、美味可食的 3D 美食。图 5-23 所示为使用 3D 打印机打印成型的创意煎饼。

图 5-23　使用 3D 打印机打印成型的创意煎饼

目前，国内市场中已有多家 3D 打印机制造商，弘瑞、极光尔沃、联泰三维、创想三维、中瑞、闪铸科技等是其中较为知名的品牌。图 5-24 所示为弘瑞 Z300 专业级 3D 打印机。

2．大幅面打印机

打印宽度超过 A2 幅面（即 42cm）的打印设备被统称为"大幅面打印机"。这种专业打印机可以实现整张全幅面无边距连印，无须制版便能一次性完成全彩（即 RGB 色彩空间中可以显示的所有颜色）图像输出。

大幅面打印机可以搭配八色、十色或十二色墨水，拥有较高的画面色彩品质，可以在各类纸张上打印精美的"全出血"（Full Bleed，即被打印的文档可以打印至纸张边缘，实现全纸张无边距打印）图案，并制作质量极高的海报。此外，通过搭载专业的颜料和染料混合墨水，大幅面打印机可以输出线条流畅、细腻，色彩逼真、艳丽的 CAD 设计图纸。目前，大幅面打印机已被广泛应用于建筑、水利、家居装修、数码摄影、户外广告和机械设计等行业。

图 5-25 所示为惠普 Designjet Z6200 大幅面打印机，采用八色墨盒与 HP 热喷墨技术，最大支持 60 英寸的幅面，最大打印长度为 175m。

图 5-24　弘瑞 Z300 专业级 3D 打印机 　　图 5-25　惠普 Designjet Z6200 大幅面打印机

3. 标签打印机

标签打印机主要通过加热碳带或热敏纸来实现打印功能。这种打印机无须连接计算机等设备，而是采用自带的字库直接打印，输出精度高，连续打印速度较快，并具有自动剪切和连续半切功能，多应用于品牌标识、商品条形码、货物标签、包装标志、服装吊牌、火车票、登机牌等标签或条码的批量打印。

标签打印机一般采用热转印和热敏技术，目前，主流的品牌有奔图、得力、TSC、斑马、佳博、汉印、兄弟、卡西欧、博斯得、霍尼韦尔等。

图 5-26 所示为奔图 LT205-CS 条码标签打印机（信创产品），支持热转印和热敏两种打印模式，具备 203mm/s 的打印速度，适配国产 CPU、国产 Linux 操作系统和国际通用操作系统；图 5-27 所示为兄弟 PT-9700PC 热转印标签打印机，可以输出 19 种条形码，支持自动剪切和连续半切功能。

图 5-26　奔图 LT205-CS 条码标签打印机 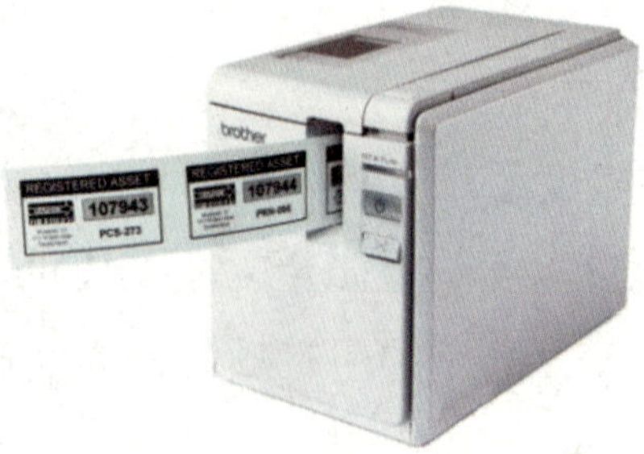　　图 5-27　兄弟 PT-9700PC 热转印标签打印机

4. 证卡打印机

证卡打印机是一种用来进行证件打印的专业设备，可以打印含有照片与姓名等个

人信息的身份证、出入证、居住证、会员卡、学生卡、工作证、社保卡和医保卡等小型的硬质识别卡，所打印的图案具有防水、耐磨、抗紫外线等功能，能很好地保护证件信息的安全。

证卡打印机一般分为直印式打印机和热升华再转印式打印机两种类型。直印式打印机的打印成本相对较低，适合打印普通证件；热升华再转印式打印机的成像效果更加优异，防伪与保密功能比较好，但价格相对较贵，适合大批量制卡业务使用。

斑马、实达、爱立识、斯科德、Datacard、Goodcard、SISS、HID 等是目前主流的证卡打印机品牌。图 5-28 所示为斑马 P403i 直接到卡型热升华再转印式打印机，支持单面打印和双面打印，可以打印 PVC、合成 PVC 和背胶式 PVC 等卡片，如员工 / 学生身份卡、会员卡、出入卡、礼品卡、来宾识别卡等。

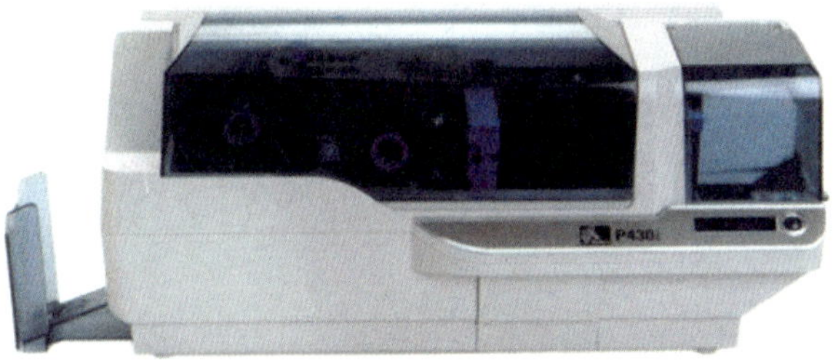

图 5-28　斑马 P403i 直接到卡型热升华再转印式打印机

前沿动态　奇思妙想的打印技术

思考与实践

1．通过互联网查找使用 3D 打印技术的日用品或工业品，简述 3D 打印技术与传统打印技术相比有何不同。

2．观察户外的各类大型海报或图纸，简述其文字、图案和色彩是否清晰与艳丽，整体效果是否美观与舒适，是否为一次性成型制作。

3．收集一些废弃的火车票、服装吊牌、商品条形码等常见标签，观察其印制特点，然后尝试使用湿布或橡皮擦拭，看看字迹是否模糊，并简述其印制效果。

4．收集身份证、出入证、会员卡等硬质卡片，观察这些卡片在材质、清晰度、耐用性等方面与标签相比有什么区别。

职业实践项目6　熟悉办公复制设备

☑ 项目概述

　　本项目主要介绍复印机、扫描仪及多功能一体机的基础知识，便于学生熟悉文档复制类办公设备的常见类型、基本构成、性能指标、常用耗材、保养与维护策略，以及选购策略等相关内容。

✅ 项目分析

　　本项目结合办公文档的影像复印、数字化转换、保密性传送等业务需要，侧重介绍具备复印、扫描、传真等核心功能的办公复制设备，帮助学生掌握基本的学习思路和运用方法，达到举一反三、更好地进行实践的目标。

➡ 项目实施

　　在办公业务环境中，办公人员往往需要对纸质文档中的影像进行完全、批量复印，或者将纸质文档录入计算机进行数字化处理，或者将私密性较高的纸质文档快速、安全地传送给接收方，这就需要使用专门的文档复制设备，常用的有复印机、扫描仪及集成多项文档处理功能的多功能一体机。

任务1　熟悉复印机

　　复印机（Duplicator）是一种利用静电技术进行文档复制的设备，无须经过制版等程序便能直接从原稿处获得等倍、放大或缩小的复制品，具有速度快、操作简单、成本较低等特点。

1.　复印机的常见类型

　　根据复印原理的不同，可以将复印机分为静电式复印机、数字式复印机、数码式复印机、热敏式复印机和光化学式复印机等几种类型。

　　根据适用场合的不同，可以将复印机分为家用型复印机、办公型复印机、便携式复印机和工程图纸复印机等几种类型。

　　根据复印速度的不同，可以将复印机分为低速（小于20cpm）经济型复印机、中速（20～50cpm）主流型复印机和多功能高速（大于50cpm）复印机等几种类型。

根据复印幅面的不同，可以将复印机分为 A5 幅面复印机、A4 幅面复印机、A3 幅面复印机等几种类型。用于复印工程图纸的复印机还支持 A0 幅面（宽为 90cm、高为 120cm）的图纸。

【延伸阅读 1：几种常见复印方法的原理与特点简介】

随着现代打印需求的变化和打印技术的变革，传统的单功能机型不断向着多功能、数码化、复合型的方向发展。单功能打印机在增加了复印、扫描、传真等功能后，演变为多功能一体机；单功能复印机在融合了打印、扫描、传真、网络等功能后，演变为数码复合机，简称"复合机"。数码复合机可以提供图像的存储、传输、编辑、排版、保密访问，以及高速、批量输出等一体式功能，能很好地满足现代企业文档集中处理的需要。

图 6-1 所示为彩色多功能复合型数码复印机（中速、A3 幅面）；图 6-2 所示为黑白多功能便携式复印机（低速、A4 幅面）。

2. 复印机的基本构成

这里以多功能复合型数码复印机为例。从功能构成上来看，多功能复合型数码复印机主要由控制系统、曝光系统、成像系统和供输纸系统构成，其机械部件通常包括硒鼓、光学部件、电晕部件、供输纸部件、显影部件、定影部件、清洁部件、动力传动部件及电气控制部件等。图 6-3 所示为联想多功能复合型数码复印机的外观概览。

图 6-1　彩色多功能复合型数码复印机

图 6-2　黑白多功能便携式复印机

图 6-3　联想多功能复合型数码复印机的外观概览

3. 复印机的性能指标

衡量复印机性能的主要指标如下。

（1）复印幅面。

复印幅面是指复印机可复印稿件的最大尺寸。一般来说，稿件的最大可复印尺寸是大于或等于原稿的最大尺寸的。目前，办公型和家用型复印机的最大复印幅面通常为 A4 幅面或 A3 幅面。

（2）复印速度。

复印速度是指复印机每分钟能够复印 A4 纸的数量，单位是 cpm（Copy Per Minute，每分钟复印多少页）。复印速度是衡量复印机档次的主要指标之一，复印速度越快，机器所能承受的复印量就越大。大多数主流复印机的复印速度可超过 30cpm。由于复印机预热和完成首张复印需要花费较长的时间，因此复印速度通常从复印第二页开始计算。

（3）预热时间。

复印机从对感光材料进行充电，到完成复印准备工作，所花费的时间被称为“预热时间”。预热时间越短，复印效率就越高，用户需要等待的时间就越少。目前，主流复印机的预热时间大多在 30s 以内，但其实际时间会受到复印机电子部件设计和周围室温等因素的影响，电路越复杂或室温越高，预热时间就会越长。

（4）首页复印时间。

首页复印时间是指复印机在完成预热程序且处于待机的状态下，用户从按下复印按钮到复印机输出第一张复印稿所花费的时间。这一时间越短越好，尤其对于复印次数多或单次复印量小（3 页以内）的业务环境更加重要。市场上主流复印机的首页复印时间通常不超过 10s，高端复印机能控制在 4s 以内。

（5）连续复印页数。

连续复印页数是指在无须多次设置的情况下，复印机能够对同一份原稿一次性、连续复印的最大页数。连续复印避免了对同一原稿的重复设置，对于需要经常复印同一份原稿的用户，这一功能非常实用。

连续复印的标识方法为 1 ～ x 张，x 代表该复印机连续复印的最大页数。目前，普通复印机的连续复印能力大多可达到 1 ～ 99 张，高端型产品的连续复印能力可达到 1 ～ 999 张。

（6）缩放范围。

缩放范围是指复印机能够对原稿复印进行放大或缩小的比例范围，使用百分率（符号为百分号"%")来表示。如果某款复印机的缩放范围标识为 50% ～ 200%，则说明该复印机能够将原稿缩小至 50% 或放大至 200% 后复印并输出。

4．复印机的常用耗材

复印机主要使用硒鼓、碳粉、复印纸等几类耗材，与打印机相似。碳粉在复印的过程中起着至关重要的作用，被视作复印机的"血液"，其品质直接影响复印机的使用寿命、文档输出质量甚至用户的身体健康。复印纸（见图 6-4）可用于文档的打印和复印，在各类打印机和复印机中都能使用，常用的复印纸幅面有 A3 幅面、A4 幅面、B4幅面、B5 幅面、8K 幅面、16K 幅面等。

图 6-4　复印纸

📎 **【延伸阅读 2：13 种幅面复印纸的尺寸及用途】**

5．复印机的保养与维护策略

在复印机工作的过程中，其光学和机械电路系统容易受到机器内部与外部灰尘或杂物的侵害，从而降低复印品质或引起机器运行故障。定期进行清扫、整理、加油、调整等保养与维护是保证复印机能够正常运行，以及节省维修费用的关键。

（1）清洁塑料衬里与传送带。

由于经常接触各种原稿，以及被用户触摸，因此复印机的塑料衬里或传送带会逐渐变黑，导致复印件的边角出现黑色污迹。针对这一情况，可先使用棉纱布蘸上洗涤剂（勿使用酒精、乙醚等有机溶剂）反复擦拭塑料衬里与传送带，再用清水进行擦拭，最后擦干即可。

（2）清洁稿台玻璃。

由于稿台玻璃容易被手和纸张污染，也容易被硬物划伤，因此在使用时要避免用手直接接触稿台玻璃。在清洁稿台玻璃时，应避免使用有机溶剂擦拭，以免破坏稿台玻璃上的透光涂层和导电涂层。

（3）降低气味和粉尘的影响。

复印机的放置位置应符合防尘、防震、防高温、防阳光直射等要求。由于在复印的过程中会产生微量臭氧，因此要保持良好的通风换气条件。为方便操作和排散气味，应至少在机器左右两侧各留出 90cm 的距离，背面留出 15cm 以上的距离。每次用完复印机后要及时洗手，以消除残余粉尘对人体的伤害。

（4）避免带异物或硬物复印。

在复印之前务必检查并拆掉原稿上的大头针、曲别针、订书钉等装订硬物和其他异物。经过涂改的原稿需要等待修正液干了之后再复印。如果需要复印书籍、培训稿、内部资料等装订成册的文档，则适宜使用具有分离扫描功能的复印机，可消除由于装订不平整而产生的复印阴影。

（5）保持机器和纸张的干燥。

在装入复印纸之前需要首先检查纸张是否干燥、洁净，然后理顺复印纸并保证纸张是整齐的，最后将复印纸放到与纸张大小规格一致的纸盘里。纸张的总厚度不能超过复印机所允许放置的最大厚度。在潮湿的环境下，可在复印机纸盒内放置一盒干燥剂。每天早晨上班后，需要打开复印机预热大约 0.5h，使复印机内环境保持干燥，而下班前可将复印纸包好，放于干燥的柜子内。

6．复印机的选购策略

面对市场上种类繁多、性能各异的复印机，用户应重点关注复印机的品质、适用性、性价比等因素，根据自身的业务需求和长期使用成本来选购合适的产品。

（1）考虑复印业务特点。

用户可根据所在单位的复印业务特点决定使用哪种适合复印输出的幅面复印机。如果只是复印普通的办公报表文档，则可选购 A3 幅面复印机；如果所需复印的文档幅面不大，则可选购 A4 幅面复印机或 B4 幅面复印机，以有效节省投资；如果需要复印设计蓝图或工程制图，则建议选购工程图纸复印机。

（2）考虑复印业务量。

不同的复印业务量对于复印机的机械性能和耐久性要求也不同。通常，对于月复印量不超过 3000 页（A4 幅面纸张）的业务环境，可选购复印速度小于 20cpm 的低速经济型复印机；对于月复印量为 3000～10000 页的业务环境，可选购复印速度为 20～50cpm 的中速主流型复印机，最好选配自动供纸盘；而对于月复印量为 10000～100000 页的大印量业务环境，则可选购复印速度大于 50cpm 的多功能高速复印机，同时选配自动输稿器、分页器、装订器、大容量内存和硬盘等部件，或选购带电子分页、图像编辑、文档整理等功能的复合机。

（3）考虑综合复印成本。

复印机属于费用较高的消耗型设备，除了硒鼓、显影剂（载体）等零部件自身的使用寿命限制，碳粉、纸张等耗材也是造成复印成本高的一大原因。购机前可先了解主要部件和耗材的使用寿命及价格，粗略计算单张复印成本，再综合考量复印的总运行费用，并以此为依据制订复印业务计划。

此外，作为光电、化工一体化集成的精密设备，复印机内部的很多重要器件需要由专业人员来进行保养、维护和故障处理。因此在购机时，最好采购具有正规代理资质、售后维修能力较强、信誉较好的专业办公设备厂商提供的设备，并让这些厂商出具正规的保养或保修合约。

（4）考虑复印扩展功能。

目前，多功能、模块化复印机已成为市场主流，通常会配置扫描、传真、装订、网络打印、双面复印、电子分页、自动输稿器、多纸盒等扩展功能。用户可根据业务需要来选配功能模块。在小型复印场合，通过配备自动输稿器和网络打印功能可有效提高设备的利用率；在复印量大、输出幅面种类多的业务环境中，可配备多纸盒功能；大型办公业务处理中心可配备传真、扫描和装订等价格较高的附属功能。

（5）考虑品牌知名度。

目前，市场上复印机品牌较多，其中联想、奔图、方正、夏普、京瓷、佳能、富士胶片商业创新、柯尼卡美能达、理光、东芝、震旦、惠普、德凡、利盟等是业内知名度较高的品牌。这些品牌各具所长，涵盖了高端、中端、低端产品，整机寿命长，售后质保工作也做得比较到位，为用户提供了诸多选择。

下面介绍两款具备自主、安全、可控特性的国产多功能激光数码复合机。图 6-5 所示为联想 GXM400DNAP 安全增强型黑白激光数码复合机（信创产品）；图 6-6 所示为奔图 CM9705DN 彩色激光数码复合机（信创产品）。

图 6-5　联想 GXM400DNAP 安全增强型
黑白激光数码复合机

图 6-6　奔图 CM9705DN
彩色激光数码复合机

表 6-1 所示为联想 GXM400DNAP 安全增强型黑白激光数码复合机和奔图 CM9705DN 彩色激光数码复合机的主要配置。

表 6-1　两款国产多功能激光数码复合机的主要配置

	联想 GXM400DNAP 安全增强型黑白激光数码复合机配置	奔图 CM9705DN 彩色激光数码复合机配置
速度及颜色	黑白，中速	彩色，高速
功能	复印 / 打印 / 扫描 / 网络	复印 / 打印 / 扫描 / 网络
最大幅面	A3	A3
处理器频率	800MHz	四核 1.2GHz
内存容量	2GB	4GB
复印速度	40cpm	黑白 / 彩色：65cpm
打印分辨率	1200×1200dpi	1200×1200dpi
复印 / 扫描分辨率	600×600dpi	600×600dpi
预热时间	＜ 26s	6s
首页打印时间	＜ 10s	2.4s
首页复印时间	3s	黑白：6.8s；彩色：7.5s
连续复印页数	1 ～ 999 页	1 ～ 999 页
缩放范围	25% ～ 400%	25% ～ 400%
硒鼓类型	鼓粉分离式	鼓粉分离式
适配 CPU/ 操作系统	国产 CPU/ 统信 UOS、麒麟、Windows 等	国产 CPU/ 统信 UOS、麒麟、Windows 等
其他功能	自动双面复印 / 扫描；智能纠偏复印；智能复印一键操作；支持 A3 ～ A6、B6、Letter 等输出尺寸	双面自动输稿器；内置可信计算 3.0 技术；支持日志审计，内存清除
质保服务	1 年全国联保	1 年全国联保

注：上述数据来源于市场信息，仅供参考。

【延伸阅读 3：传统型多功能数码复合机的配置方案】

课堂实训　　　　　　　　**使用复印机体验文档复制业务**

本实训任务可以让学生熟悉复印机的基本构成、主要耗材和配套功能，掌握文档、图片、证件等原稿的常规复印操作，培养学生高效、环保、节能的现代绿色办公理念。

【操作步骤】

（1）准备一台复印机（或带有复印功能的设备），辨识复印机的控制系统、曝光系统、成像系统、供输纸系统等内部与外部构成。

（2）复印一页文档和一张图片（照片），对比它们的复印效果。复印前务必检查原稿是否带有订书针、回形针、双面胶等硬物或异物。

（3）复印一张身份证或其他证件，将正面与反面复印在同一张 A4 幅面的纸张上，观察复印效果是否整齐、清晰、美观。

（4）对一份文档进行连续复印（输出页数不超过 5 页），观察大概花费的时间及复印的效果。注意要充分利用回收纸，避免纸张浪费。

（5）如果实训条件允许，则尝试使用 A3 幅面、B3 幅面等纸张进行复印，或体验缩放复印、网络复印等其他复印功能。

【小组讨论】

（1）该复印机在输出速度、清晰度、准备时间、复印能力、耗材质量、扩展功能等方面的表现如何？

（2）不同规模、不同性质的业务环境（如只需复印普通文档的企业、需要大批量速印试卷的学校）对复印机的性能和功能有哪些不同的要求？

（3）对于需要经常复印、速印文档的业务环境，平时应如何合理使用设备和耗材等资源，从而实现绿色文印、节能与降碳？

【能力评价】

实训结束，完成下面实训能力评价表的填写。

"使用复印机体验文档复制业务"实训能力评价表

实训任务	检查点	完成情况	出现的问题及解决措施
使用复印机体验文档复制业务	★ 能够辨识复印机的内部与外部基本构成	□完成　□未完成	
	★ 熟悉硒鼓、碳粉、复印纸的基本作用和常见类型	□完成　□未完成	
	★ 能够正确复印文档、图片、证件等常见原稿	□完成　□未完成	
	★ 熟悉复印机的常规复印功能	□完成　□未完成	
	★ 实训过程中能合理利用资源，节约耗材和电能	□完成　□未完成	
	★ 体会现代信息化办公领域节能环保的意义和要求	□完成　□未完成	

思考与实践

1. 文档的复印与打印有什么区别？

2. 常用的复印机包括哪些类型？

3. 复印机的整体运行性能主要由哪些指标决定？

4. 日常复印通常使用哪几类幅面的复印纸？分别适合用来复印什么文档？

5. 对于文档复印量较大的复印机，平时应采取哪些保养与维护策略，以尽量延长复印机的使用寿命？

6. 某大型企业需要经常复印市场推广、产品销售、财务分析等各类文档，月复印量最高达到数千张。请结合该企业的业务需求为其推荐一款合适的复印机。

任务 2　熟悉扫描仪

扫描仪（Scanner）是一种常用的计算机输入设备，主要通过光电扫描和数字处理技术，将文档、照片、底片、图纸、书籍等纸质资料甚至三维物体扫描进计算机，进而将其转换成可编辑的电子资源并存储起来，还可以输出至打印机、绘图仪等外部设备。

1. 扫描仪的常见类型

从功能设计上来看，扫描仪包括平板式扫描仪、馈纸式扫描仪、便携式扫描仪、笔式扫描仪、名片扫描仪、手持式扫描仪、胶片扫描仪、文档扫描仪、底片扫描仪、3D 扫描仪、大幅面扫描仪和高拍仪等多种类型。另外，根据光学扫描元件的不同，还可以将扫描仪分为 CCD 扫描仪、CIS 扫描仪和 CMOS 扫描仪等。

近年来，得益于高速移动网络技术的发展，无线扫描方式得到了广泛的应用。移动端扫描能为用户提供文字识别与编辑、在线翻译与校对、文档格式转换、邮件发送与输出、一键式云端存储、社交平台分享等便捷的随身扫描服务，还可以结合 VR、AR 技术提供扫描与展示等沉浸式服务。目前，具有代表性的移动端扫描软件包括 QQ 扫描、扫描全能王等。

图 6-7 所示为馈纸式 CCD 扫描仪，其中，图 6-7（a）所示为该扫描仪的外观，图 6-7（b）所示为该扫描仪的玻璃镜面。

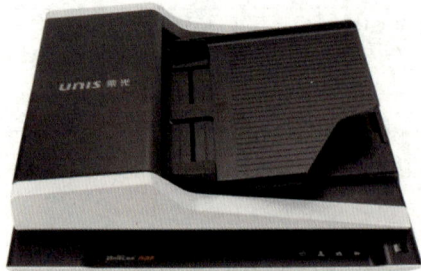

（a）扫描仪的外观　　　　　　　　（b）扫描仪的玻璃镜面

图 6-7　馈纸式 CCD 扫描仪

【延伸阅读 4：几种常用扫描仪的特点和用途简介】

2．扫描仪的基本构成

扫描仪整体比较简洁与紧凑，但其硬件结构非常复杂，主要由遮盖板、纸张导板、光学成像组件、光电转换组件、面板开启键、电源 / 开关按钮和机械传动组件等部分构成。

光学成像组件俗称"扫描头"，包含灯管、反光镜、镜头及感光元件等部件，它是扫描仪的核心组件，其精度直接影响图像扫描的还原逼真程度。光电转换组件即扫描仪的主板，是扫描仪的控制转换系统，如同扫描仪的"心脏"。机械传动组件是扫描仪的动力装置，包括步进电机、驱动皮带、滑动导轨和齿轮组等部件。

图 6-8 所示为扫描仪的基本构成（示例）。

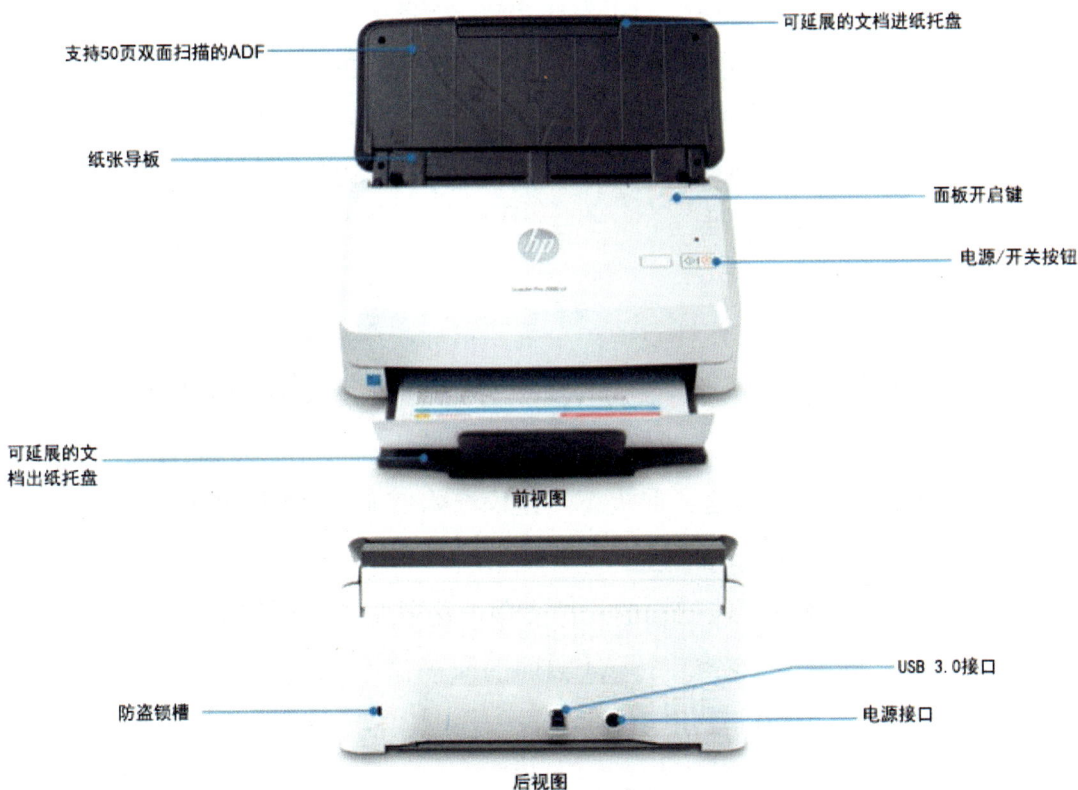

图 6-8　扫描仪的基本构成（示例）

3．扫描仪的性能指标

影响扫描仪工作性能的指标包括感光元件性能、光学分辨率、扫描速度、扫描范围、预扫时间、色彩位数、灰度级等。

（1）感光元件性能。

感光元件是扫描仪的关键部件，其性能决定了图像扫描的品质与成像效果。目前，扫描仪大多使用电荷耦合器件（CCD）或接触式光敏传感器（CIS）来进行感光。

CCD 技术发展的时间比较长，设计及制造工艺都已相当成熟，具有分辨率高、图像输出效果较好、扫描范围广和使用寿命长等特点，还可扫描 3D 实物。但是因为 CCD 器件构造复杂、体积较大，所以 CCD 扫描仪一般比较厚重，价格也比较高。

相较而言，CIS 扫描仪的扫描清晰度和色彩质量不如 CCD 扫描仪，且 CIS 扫描仪一般只能扫描平面物体，但其体积较小，使用方便，制造成本也比较低，主要作为中端、低端扫描仪和便携式扫描仪的感光元件来使用。

（2）光学分辨率。

光学分辨率又被称为"扫描精度"，用来反映扫描仪对图像细节的表现能力，即每平方英寸内图像扫描所含有的像素的个数，单位是 dpi。光学分辨率包括横向分辨率和纵向分辨率，大多数扫描仪的光学分辨率大于 600×1200dpi，专业影像级扫描仪还可具备 9600×9600dpi 或 12800×12800dpi 的超高分辨水平。

需要注意的是，扫描仪的横向分辨率往往低于纵向分辨率，在考察扫描仪的光学分辨率时，应以最小分辨率为准。

（3）扫描速度。

扫描速度是衡量扫描仪工作性能的一个重要指标，通常是指扫描标准的 A4 幅面纸张所用的时间，单位为秒（s）。扫描仪的扫描速度并非越快越好，当扫描速度过快时，在扫描的过程中可能会丢失一些图像信息，导致图像扫描质量降低。因此扫描仪的选购应保证一定的扫描精度，在这一前提下，建议选购扫描速度较快的产品。

（4）扫描范围。

扫描范围是指扫描仪最大能扫描的尺寸上限，这主要取决于扫描仪的内部机械设计和外形尺寸。平板式扫描仪通常支持 A4 幅面的原稿输入尺寸，一些扫描仪可支持 A3 幅面的原稿输入尺寸。图像的输出尺寸可通过扫描缩放倍率来控制。

（5）预扫时间。

扫描仪在正式扫描之前，需要一定的曝光预热时间（即预扫时间），以保证图像扫描的品质。快速预扫不仅能缩短扫描等待时间，还能让用户预览预扫后的图像色彩效果和清晰度效果，方便用户及时对扫描参数进行重新设定和调整。

预扫时间只存在于平板式扫描仪中；馈纸式扫描仪由于采用不同的扫描结构，因此不提供预扫功能。

（6）色彩位数。

色彩位数即色彩深度，是指扫描仪对图像进行采样的数据位数，反映了扫描仪所能辨析的色彩范围和扫描出来的图像色彩的逼真程度，单位是位（bit）。色彩位数是影响扫描仪色彩饱和度及准确度的关键因素之一，也是衡量扫描仪捕获色彩层次信息水平的重要技术指标。

目前，主流扫描仪的色彩位数包括 24bit、36bit、42bit 和 48bit 等。高等级的色彩位数能让扫描仪获得极强的色彩分辨能力，其色彩的表现也更加真实和丰满。

（7）灰度级。

灰度级用来描述灰度图像的亮度层次范围，它体现了扫描仪从纯黑到纯白之间平滑过渡的能力。通常，灰度级越高，图像扫描的色彩层次就越丰富，成像质量就越好。扫描仪常见的灰度级有 256 级、1024 级、4096 级、16384 级、65536 级等。

4．扫描仪的保养与维护策略

扫描仪中含有敏感的感光元件和光学玻璃等部件，自身比较脆弱，在日常的使用中需要注意采取相应的保护措施，并定期清洁玻璃镜面，从而为扫描仪工作时的扫描精度和清晰度提供保证。

（1）切勿在扫描仪上面放置重物。

扫描仪往往比较占据地方，但是桌面的使用空间是有限的。对此，一些用户习惯将部分物品（尤其是重物）放在扫描仪上面。但长此以往，会对扫描仪造成很大的损害，导致遮盖板在承受外部重压时变形，从而影响正常的使用。

（2）注意保护光学玻璃镜面。

光学玻璃镜面的光洁程度会对扫描结果产生很大的影响，因此不可以在镜面上放置坚硬、锋利的物品。在使用扫描仪进行扫描之前，要检查原稿是否带有订书针、回形针等硬物，放下遮盖板时不可以用力过猛，以免损伤光学玻璃。

（3）防止灰尘与杂质的侵扰。

扫描仪在工作的过程中会产生静电，容易吸附灰尘，使其进入机体内部。如果不对其进行处理，长期使用就会导致扫描质量变差。对此，可用一块干净、无绒的布盖在扫描仪上面，并适当调节房间内的湿度，这样可减少灰尘与杂质对扫描仪的侵扰。图 6-9 与图 6-10 所示分别为平板式扫描仪在进行除尘前与除尘后的扫描效果（圆圈处为杂质留下的扫描痕迹）。

图 6-9　平板式扫描仪在进行除尘前的扫描效果　图 6-10　平板式扫描仪在进行除尘后的扫描效果

5. 扫描仪的选购策略

随着数码电子应用的普及，用户对书籍、报刊、文档中的平面图像进行采集、录入、编辑和制作的需求量也越来越大。在这一方面，扫描仪无疑拥有其他产品无法替代的优势。在选购扫描仪产品时，用户需要注意以下几点。

（1）根据具体的扫描用途，选购合适的感光元件。

符合业务需要的感光元件是用户在选购扫描仪时需要考虑的第一个因素。对于日常扫描量比较小或者需要移动办公的用户，可考虑选购 CIS 扫描仪；当扫描需求量比较大，需要扫描的资料的种类较多，对扫描性能和图像输出品质要求较高时，主流的 CCD 扫描仪会是用户的明智之选。

（2）使用熟悉的配套软件，提高图像处理的效率。

扫描仪的很多对资料进行编辑和管理的功能需通过专业软件来实现。常用的图像编辑软件有 Photoshop、ACD See、美图秀秀等。用户可选择习惯使用或者易于上手的软件。对于不熟悉后期图像处理的用户，建议选购配套操作比较简单的扫描仪。

用户还可使用光学字符识别（OCR）软件从电子设备中检测文档或图片上的字符，并通过分析图像最终读出文字及版面信息。一些 OCR 软件还支持对各种印刷体、手写体、表格及中英文混排的识别，在很大程度上简化了扫描识别操作。

（3）观察扫描仪的外壳是否坚固。

扫描仪内部的运动部件大多需要固定在外壳中，壳体的强度和刚度对扫描输出效果的影响很大。品质较好的扫描仪注重外壳制造的用料，在上盖的内壁还会加入专门的加强肋，以起到加固与稳定外壳的作用。质量较差的扫描仪往往只采用一层薄薄的塑料壳，经过长时间的使用，扫描仪的壳体容易变形，导致扫描精度下降。

（4）尽量选购市场主流品牌。

市场上各种扫描仪的品牌琳琅满目，比较知名的品牌有联想、奔图、中晶、汉王、方正、紫光、得力、惠普、佳能、爱普生、明基、松下、富士通、先临三维等。这些大品牌的扫描仪具有个人家用、商业应用、行业扫描、专业影像等各类用途，一般品质较好，功能齐全。用户可参照自身业务需要进行选购。

下面介绍两款具备自主、安全、可控特性的国产高速文档扫描仪。图 6-11 所示为联想 GSS500 高速文档扫描仪（信创产品）；图 6-12 所示为奔图 DS-370 高速文档扫描仪（信创产品）。

图 6-11　联想 GSS500 高速文档扫描仪　　图 6-12　奔图 DS-370 高速文档扫描仪

表 6-2 所示为联想 GSS500 高速文档扫描仪和奔图 DS-370 高速文档扫描仪的主要配置。

表 6-2　两款国产高速文档扫描仪的主要配置

	联想 GSS500 高速文档扫描仪配置	奔图 DS-370 高速文档扫描仪配置
产品类型	馈纸式	馈纸式
最大幅面	A4	A4
扫描元件	双面彩色接触式影像感应器（CIS）	双面彩色接触式影像感应器（CIS）
光学分辨率	600×600dpi	1200×1200dpi
扫描模式	黑白、灰阶、彩色	黑白、灰阶、彩色
内存容量	512MB	1GB+128MB
进纸器容量	100 页标准纸	80 页标准纸
扫描范围	最小区域：50×50mm； 最大区域：216×356mm	最小区域：52×52mm； 最大区域：216×356mm
扫描速度	50ppm	80ppm
色彩位数	最大 48bit	最大 48bit
扫描介质	文档、杂志、发票、照片、胶片，以及身份证、银行卡等塑胶硬卡	文档、杂志、发票、照片、胶片、卡片等
适配 CPU/ 操作系统	国产 CPU/ 统信 UOS、麒麟、Windows 等	国产 CPU/ 统信 UOS、麒麟、Windows 等

续表

	联想 GSS500 高速文档扫描仪配置	奔图 DS-370 高速文档扫描仪配置
其他功能	超音波进纸侦测，避免漏扫；自动关机设定；6m 长文档扫描	内置双CPU；超声进纸侦测；智能文档保护；3m 长文档扫描
质保服务	3 年全国联保	3 年全国联保

注：上述数据来源于市场信息，仅供参考。

【延伸阅读 5：传统型平板扫描仪配置方案】

使用扫描仪体验文档数字化处理业务

本实训任务将帮助学生了解扫描仪的组成结构和配套功能，熟悉文档的输入、转换、存储、分发等数字化处理业务，体验快捷、安全、绿色的数字办公理念。

【操作步骤】

（1）准备一台扫描仪（或带有扫描功能的设备），辨识扫描仪的遮盖板、纸张导板、光学成像组件、光电转换组件等部件。也可使用手机端 App 扫描软件代替。

（2）放置一页文档，设置一个普通分辨率（如 200×200dpi），预览后进行扫描。扫描前务必检查原稿是否带有订书针、回形针、双面胶等硬物或异物。

（3）放置一张图片、一张照片或一个证件，设置一个高分辨率（如 300×300dpi 或 600×600dpi），在检查和预览之后进行扫描。

（4）观察上述两份文档的扫描效果是否清晰、整齐、美观，是否有毛边现象，色彩呈现是否与原稿差别较大。并通过比较分析上述两个扫描过程在扫描质量、扫描用时、扫描件大小，以及扫描件阅读体验等方面的区别。

（5）扫描一本书或一本杂志中的部分页面，观察扫描效果。需要注意的是，在扫描时不能盯着机器内部看，以免被激光照射眼睛进而影响视觉。

（6）尝试使用 Photoshop、CorelDRAW 等软件编辑扫描生成的图片，如添加个人标记、水印、注解，以及美化图片等，最后以规范的格式重命名图片并妥善存储。

（7）将图片以网络共享或电子邮件的方式分享给组内指定学生，并请对方注意版权保护不要外泄。如果图片涉及个人隐私，则可使用 WinRAR、WinZip 等软件将其压缩，并设置访问密码，或移至个人 U 盘进行存储。

【小组讨论】

（1）实训所用的扫描仪性能如何，是否适用于高清图片扫描，是否可以方便、快速地编辑和处理扫描后的图片？

（2）文档的电子化处理对数字企业、数字中国及美丽中国建设有何促进意义？

【能力评价】

实训结束，完成下面实训能力评价表的填写。

"使用扫描仪体验文档数字化处理业务"实训能力评价表

实训任务	检查点	完成情况	出现的问题及解决措施
使用扫描仪体验文档数字化处理业务	★ 能够辨识扫描仪的内部与外部基本构成	□完成 □未完成	
	★ 熟悉设置分辨率、扫描功能、输出位置等常用操作	□完成 □未完成	
	★ 能够正确扫描文档、图片、证件、书刊等常见文档	□完成 □未完成	
	★ 能够使用图像编辑软件简单处理扫描生成的图片	□完成 □未完成	
	★ 通过实训初步养成数字转换、节约资源的思维意识	□完成 □未完成	
	★ 体会文档数字化处理对全社会数字办公和数字经济发展的作用与意义	□完成 □未完成	

前沿动态　扫一扫，更有趣！ ////////////////////////////////////

日复一日地扫描文档，是否让你有了厌倦之感？要不要尝试扫一扫水果和蔬菜？

思考与实践

1. CCD 扫描仪和 CIS 扫描仪各有什么优点与不足？

2. 影响扫描仪性能的指标有哪些？

3. 在干燥的环境中，如何降低空气中灰尘对扫描仪内部的影响？

4. 对于扫描量较大、需经常扫描商业图表、图片的企业，适合使用哪种扫描仪？

5. 如何选购性价比高的商务办公型扫描仪？

6. 请尝试将一些文档扫描成电子图片，通过编辑与加工对其进行存储、分发和重复使用，以减少对纸张和耗材等资源的耗费，践行绿色办公理念。

电子活页章节 8

熟悉传真机

【延伸阅读 6：网络传真】

任务 3　熟悉多功能一体机

多功能一体机是将多项现代办公应用功能集于一体的复合型办公设备。相较于其他单一功能的办公设备，多功能一体机集成化的设计形式可以更好地节省制造成本和办公空间，而一站式的功能操作也有助于进一步提升工作效率。

从本质上来说，多功能一体机属于打印机的延伸产品，虽然附带功能较多，但其基础功能仍然是打印，其他各项功能都是辅助性的功能。一些附属功能需要依靠打印功能才能实现。

1．多功能一体机的常见类型

根据功能集成的不同，可以将多功能一体机分为两种类型。一种是具有打印、扫描和复印功能的三合一设备，这是多功能一体机的基本组成模式，可以满足大部分工作环境的使用需求；另一种是在三合一设备的基础上额外加入了传真功能的四合一设备，使多功能一体机能够适应更多的工作环境。图 6-13 所示为彩色激光多功能一体机，具有打印、扫描、复印和传真 4 种功能。

根据打印方式的不同，可以将多功能一体机分为激光多功能一体机和喷墨多功能一体机两种类型。激光多功能一体机主要面向商务环境，打印和复印速度比较快，输出精度较高，支持连续复印、连续扫描等功能。喷墨多功能一体机主打家庭应用，在彩色成像方面表现出色，价格也相对较低。图 6-14 所示为单反照片多功能一体机，涵盖了打印、扫描和复印 3 种功能。

图 6-13　彩色激光多功能一体机

图 6-14　单反照片多功能一体机

2. 多功能一体机的选购策略

多功能一体机的集成度较高，在配置和使用上相对复杂。在选购时，要着重考虑其能满足实际需要的附属功能，不可一味地贪多，同时，需要考虑耗材采购费用、后期维护成本及操作的简易性。相对简单的设计往往更加实用。

（1）明确基本需求，选购合适的产品。

不同类型的多功能一体机有其各自的主导功能。用户在选购时应该先了解多功能一体机的主要用途，评估其是以打印或复印为主，还是以扫描或传真为主，然后从中选购以符合实际需求为主导功能的多功能一体机。

由于家庭用户往往需要打印生活照片和扫描资料，对彩色成像的需求量较大，因此可选购具备良好色彩打印和扫描功能的多功能一体机，而无须附带传真功能。相反，对于一家与外界保持密切业务联系的企业，完备的传真功能则是不可或缺的功能配置。

（2）关注易用设计，简化日常操作。

除了性能和质量，用户还需要关注多功能一体机的人性化设计因素。优秀的多功能一体机通常有很好的易用性和可操作性，在很多细节方面能体现出对用户的人文关怀。例如，操作面板上中文菜单与英文菜单的对应、全方位的一键式输入功能、便于观察和操作的液晶屏等。易用性设计决定了产品能为用户带来的使用体验。

（3）选购主流品牌的产品，享受无忧服务。

市场上多功能一体机的主流品牌有联想、奔图、惠普、兄弟、佳能、爱普生、三星、松下、理光、京瓷、震旦、柯尼卡美能达、富士胶片商业创新等。

下面介绍两款具备自主、安全、可控特性的国产激光多功能一体机产品。图 6-15 所示为联想 GM339DNS 黑白激光多功能一体机（信创产品）；图 6-16 所示为奔图 CM5055DN 彩色激光多功能一体机（信创产品）。

图 6-15　联想 GM339DNS 黑白激光
多功能一体机

图 6-16　奔图 CM5055DN 彩色激光
多功能一体机

表 6-3 所示为联想 GM339DNS 黑白激光多功能一体机和奔图 CM5055DN 彩色激光多功能一体机的主要配置。

表 6-3　两款国产激光多功能一体机的主要配置

	联想 GM339DNS 黑白激光多功能一体机配置	奔图 CM5055DN 彩色激光多功能一体机配置
功能	打印 / 复印 / 扫描（三合一）	打印 / 复印 / 扫描（三合一）
最大幅面	A4	A4
耗材类型	鼓粉分离	鼓粉分离
处理器频率	525MHz	双核 1GHz+ 双核 1GHz
内存容量	512MB	2GB+256MB
打印速度	33ppm	黑白 / 彩色：38ppm
打印分辨率	600×600dpi	最高 1200×1200dpi
首页打印时间	＜ 8.5s	3.6s
纸盒容量	150 页	250 页
复印速度	26cpm	38cpm
复印分辨率	600×600dpi	600×600dpi
复印缩放范围	25% ～ 400%	25% ～ 400%
扫描类型 / 元件	平板 + 馈纸式 / 彩色 CIS	平板 + 馈纸式 / 彩色 CIS
光学分辨率	1200×1200dpi	1200×1200dpi
扫描区域	216×356mm	216×356mm
适配 CPU/ 操作系统	国产 CPU/ 统信 UOS、麒麟、Windows 等	国产 CPU/ 统信 UOS、麒麟、Windows 等
其他功能	支持自动双面打印、有线网络打印、文档加密传输、HTTPS 加密访问、内存清零、日志打印、安全启动控制、接入控制等	嵌入可信计算 3.0 技术，支持自动双面打印、千兆位有线网络打印、身份证复印自动纠偏、密码打印、日志审计、内存清除等
质保服务	3 年全国联保和免费适配服务	3 年全国联保和免费适配服务

注：上述数据来源于市场信息，仅供参考。

【延伸阅读 7：传统型多功能一体机的配置方案】

课堂实训　　使用多功能一体机体验一站式办公操作

本实训任务将帮助学生了解多功能一体机的基本构成和功能特点，熟悉多功能一体机的基本使用方法，体验高效、便捷、一站式的办公业务操作。

【操作步骤】

（1）准备一台多功能一体机，辨识打印、复印、扫描、传真等功能部件。

（2）通过查阅产品说明书或互联网资料，了解该多功能一体机的品牌、类型、主要性能指标、所需耗材、适用环境（办公环境或家庭环境）等信息。

（3）连接该多功能一体机与实训计算机，安装驱动程序，确保能正常使用。

（4）分别执行文档单面／双面打印、图片或照片扫描、书刊复印、一键式证件双面复印等操作，观察实际的工作效果。

（5）如果该多功能一体机支持有线或无线网络连接，则设置网络连接和设备共享，使用其他计算机或智能手机执行网络打印、云打印、App 打印等远程操作。

【小组讨论】

多功能一体机所采用的一站式多功能集成模式，在对现代信息化办公的便捷性、效率性和节约性要求的满足上有何优势？

【能力评价】

实训结束，完成下面实训能力评价表的填写。

"使用多功能一体机体验一站式办公操作"实训能力评价表

实训任务	检查点	完成情况	出现的问题及解决措施
使用多功能一体机体验一站式办公操作	★ 能够辨识多功能一体机的基本构成、品牌及类型等信息	□完成　□未完成	
	★ 熟悉各项主要功能的操作	□完成　□未完成	
	★ 熟悉双面打印／复印、网络共享及云端打印等办公处理模式	□完成　□未完成	
	★ 实训过程中能合理利用资源，节约耗材和电能	□完成　□未完成	
	★ 体会多功能一体化处理对企业和居家数字办公的意义	□完成　□未完成	

思考与实践

1．多功能一体机通常具有哪几项主要功能？

2．企业办公环境和家庭环境分别适合使用哪种多功能一体机？

3．怎样为一家外贸型企业选购合适的多功能一体机？

4．怎样为一名经常居家办公的平面设计师选购合适的多功能一体机？

【素养寄语】

文档是办公的主要媒介之一，现代办公业务往往离不开纸质文档的印制、电子化转换及网络传送处理。如何在保证高效、便捷、低碳、节约的前提下，满足多样化的文档处理需求，这是办公人员需要重点考虑的问题，亦是其所需具备的基本职业素养。

办公会议交互场景

/

职业情景导入

前期准备基本就绪后，公司计划通过远程会议与客户讨论具体业务事宜，并签订合作协议。为此，信息部需要准备会议交互设备，并提供技术支持。

老张
> 这次会议将向客户展示公司的产品与服务方案，和客户一起推进项目落地，信息部需要做好多方参与线上与线下会议的技术支持工作。

> 好的，我马上预订多功能会议室。还需要准备其他会议设备吗？ **小燕**

老张
> 除了产品、市场、销售等业务部负责人，一些居家办公和出差的员工也会参加本次会议。因此会议室需要使用投影机、触控屏和视频会议系统，针对在外员工，需要提醒他们使用摄像头、麦克风和耳机等在线会议交互设备。

工作任务分析

本单元通过介绍影音交流和互动展示等办公会议交互设备的相关内容，可以帮助学生熟悉办公会议交互场景的职业特点与工作要求，并让其运用设备搭建展示、交流与互动场景。通过对场景的感知和体验，涵养学生的优良人格与品性，培养其积极的情绪和性格，产生正面的心理能量，进而促进学生形成对集体、家乡及国家的认同情感。

知识学习目标

- 了解办公会议交互设备的基本特点
- 熟悉办公会议交互设备的使用方法
- 熟悉办公会议交互设备的维护与选购策略

能力培养目标

- 能够辨识办公会议交互设备的基本构成
- 能够使用常见的办公会议交互设备
- 能够维护和选购常用的办公会议交互设备

价值塑造目标

- 培育精益求精、开拓创新的工匠精神
- 涵养富有社会主义人文美的优良品格
- 通过交互式体验培养家国认同情感

实践场景四
办公会议交互场景

········ 职业实践项目 7　熟悉影音交流设备 ········

☑ 项目概述

　　本项目主要介绍投影机、摄像头、麦克风和耳机的基础知识，便于学生熟悉影音交流类办公设备的常见类型、基本构成、性能指标、保养与维护策略、选购策略等相关内容。

✔ 项目分析

　　本项目结合多媒体实时展示、视频和语音即时交流等会议需要，侧重讲解具备多媒体投影、语音视频在线沟通等业务功能的影音交流设备，帮助学生掌握基本的学习思路和运用方法，达到举一反三、更好地进行实践的目标。

➡ 项目实施

　　多媒体技术是现代信息化办公的重要应用方向，文字、图像、音频、视频等多媒体信息的实时投射和即时交流让办公会议变得更加高效与友好。在大多数办公会议场景中，通过配备投影机、摄像头、麦克风、耳机等常用设备，能够搭建一个可供多方交流的多媒体会议平台。

任务 1　熟悉投影机

投影机（Projector）是一种大屏显示设备，可以将计算机、电视机、游戏机、影碟机等设备的视频信号投射到屏幕上，便于多个用户同时观看。投影机既可以使用投影幕布作为显示屏，也可以搭配交互式电子白板来使用，从而实现与计算机的互动。随着数字化应用的普及，投影机已经被广泛地应用于家庭、学校和企事业单位中，成为多媒体教学、会议简报展示和数字生活不可或缺的工具。

1．投影机的常见类型

日常可以使用的投影机比较多，按照不同的产品特征，可以进行多种类型的划分。

根据应用环境的不同，可以将投影机分为家用型投影机、商务办公型投影机、商娱两用型投影机、教育型投影机、工程型投影机、专业影院型投影机等几种类型。

根据投影技术的不同，可以将投影机分为液晶（LCD）投影机、三片式 LCD（3LCD）投影机、数字光处理（DLP）投影机、反射式微液晶（LCOS）投影机和发光二极管（LED）投影机等几种类型。

除此之外，根据投影成像功能的不同，还可以将投影机分为 3D 投影机、短焦投影机、智能投影机、互动投影机和手机投影机等几种类型。

图 7-1 所示为微型家用智能投影机；图 7-2 所示为 3D 商务办公型投影机。

图 7-1　微型家用智能投影机　　　　图 7-2　3D 商务办公型投影机

【延伸阅读 1：几种常见投影机的特点简介】

2．投影机的基本构成

投影机通常由光源、聚光系统、液晶面板、分色镜、投射透镜、平面反射镜、变压设备、通风设备等几部分构成，其中，聚光系统又包括聚光镜、辅助聚光镜、螺纹透镜和载物玻璃等部件。光源产生的光首先通过聚光系统，在聚光后发射到平面反射镜上，经反射镜反射成平行的光映射到屏幕上，从而实现信息的投影。

图 7-3 所示为投影机的基本构成（示例）。

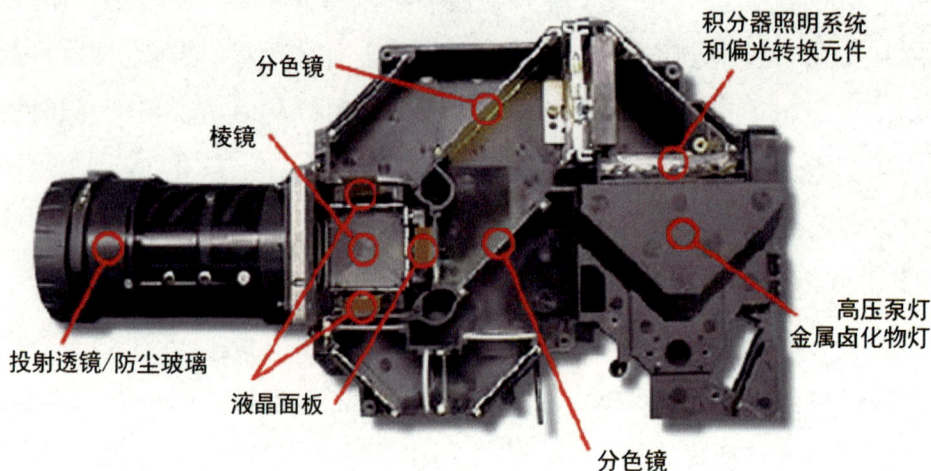

图 7-3　投影机的基本构成（示例）

3．投影机的性能指标

投影机的主要性能指标如下。

（1）亮度。

亮度是投影机十分重要的性能指标之一，指的是投影机输出到屏幕上的光线强度，即图像投影的明亮程度，单位是流明（lm）。一般来说，在人眼所能感知的程度下，亮度越高，投射到屏幕上的图像就越明亮，画面成像也就越清晰。

（2）对比度。

对比度是投影画面中黑色与白色两种颜色的比较值，即从黑色到白色的渐变层次。对比度会对视觉呈现效果产生很大的影响，对比度越大，黑色与白色之间的渐变层次就越多，色彩表现效果也就越丰富、鲜明与艳丽。目前，主流投影机的对比度高于5000 ：1，比较适合用来演示色彩丰富的图像或播放影视动画。

（3）显示分辨率。

显示分辨率是指投影一幅图像所包含的像素个数。像素个数越多，分辨率就越高，对图像细节的展现就越丰富，画质自然就越好。

投影机的显示分辨率包括标清型分辨率、高清型分辨率和超高清型分辨率 3 类。

标清型分辨率包含的规格有 SVGA（800×600ppi）、XGA（1024×768ppi）。

高清型分辨率包含的规格有 SXGA（1280×1024ppi）、SXGA+（1400×1050ppi）、WXGA（1280×800ppi）、720P（1280×720ppi 或 1280×768ppi）、1080P（1920×1080ppi）等。

超高清型分辨率包含的规格有 WUXGA（1920×1200ppi）、2K（2560×1440ppi）、4K

（3840×2160ppi 或 4096×2160ppi）、5K（5120×2880ppi）、8K（7680×4320ppi）等。

（4）光源寿命。

光源是投影机的核心部件和主要耗材，其耐用性直接影响投影机后期的维护和更换成本。目前，市场上的投影机采用的光源主要有灯泡光源、LED 光源和激光光源等，各种光源的使用寿命有所不同。

投影机光源的使用模式一般包括正常模式（Normal）和经济模式（ECO）两种类型。大多数灯泡光源在正常模式下的使用寿命不少于 5000h，在经济模式下的使用寿命可超过 7000h。而对于采用激光光源或 LED 光源的投影机，其在正常模式下的标准使用寿命不少于 20000h。

图 7-4 所示为投影机的 LED 光源；图 7-5 所示为投影机的激光光源。

图 7-4　投影机的 LED 光源

图 7-5　投影机的激光光源

（5）光亮度均匀值。

投影机投射出来的画面有时存在中心区域与 4 个角落亮度不同的问题，其呈现的均匀程度反映了中心亮度与边缘亮度之间的差异，即最亮与最暗部分的视觉对比效果，这个参数被称为"光亮度均匀值"，用百分率来表示。

投影机的理想光亮度均匀值是 100%。在实际使用过程中，投影机所能达到的光亮度均匀值越大，其画面投影所呈现的亮度一致性就越好，画面效果就越能给人以舒适感。目前，投影机的光亮度均匀值大多大于 75%，如果达到 95%，则意味着有出色的投影质量。

（6）投影尺寸。

投影尺寸是指投影机投射出来的画面的大小，包括最小画面尺寸和最大画面尺寸，用"对角线长度"来表示，单位是英寸。投影尺寸范围通常为 30 ～ 350 英寸。

投影尺寸与投影机的镜头、亮度和投影距离有关。亮度较高的投影机可投射出较大的画面尺寸。而通过投影机的镜头焦距，用户可在最小画面尺寸与最大画面尺寸之间调整投影焦度，但不能超过投影机的画面尺寸支持范围，否则会出现图像不清晰、投影效果差等问题。

（7）屏幕宽高比例。

屏幕宽高比例指的是投影屏幕画面纵向和横向幅度的比例，这个指标与输入信号源的格式密切相关。如果输入源的宽高比例与投影机支持的宽高比例不一致，则会出现画面投射变形或缺失等问题。

投影机一般支持普屏（宽高比例为 4 ：3 或 5 ：4）和宽屏（宽高比例为 16 ：9 或 16 ：10）等投射规格。为了满足家庭影院、教育教学及商务会议等展示需求，很多投影机已具备超宽屏（宽高比例为 21 ：9 或 21 ：10 甚至以上）的投射规格，这也是投影展示技术的一个发展趋势。

图 7-6 所示为宽高比例为 16 ：10 的宽屏投影幕布在会议室的布局效果；图 7-7 所示为宽高比例为 21 ：9 的超宽屏视觉协作型会议展示效果。

图 7-6   宽屏投影幕布在会议室的布局效果

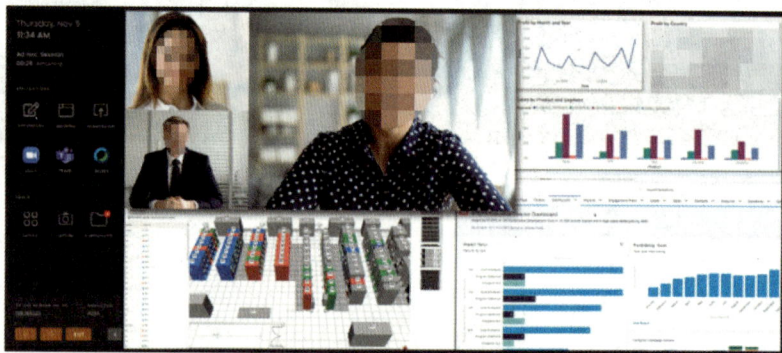

图 7-7   超宽屏视觉协作型会议展示效果

4．投影机的保养与维护策略

投影机是一种精密、"娇贵"的电子设备，如果日常使用和保养不当，则可能出现图像显示不清、投影颜色偏黄、灯泡加速老化与损坏等问题。下面以灯泡光源投影机为例，简单介绍几种保养与维护策略。

（1）定期清洁滤尘网。

投影机在排散热量时，产生的高速气流会夹带微小的尘埃。它们在漂浮的过程中很容易被光学部件吸附，这会对投影画面产生不利影响，还可能缩短灯泡的使用寿命。因此平时要盖好投影机的通风过滤器，根据使用情况，每 3 ~ 6 个月清洁一次投影机滤尘网（见图 7-8）。此外，尽量不要在室内吸烟，因为烟油和烟尘微粒更容易被吸附进光学部件中，对灯泡的伤害也更大。

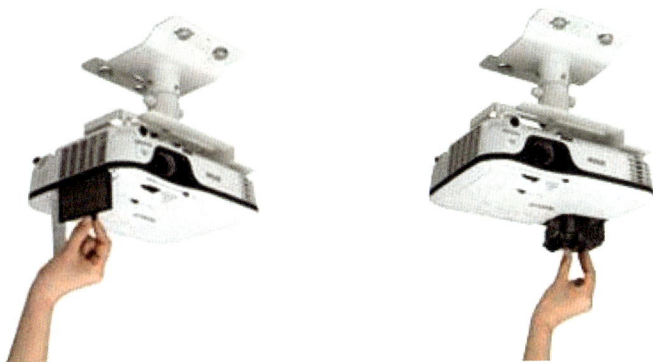

图 7-8 清洁投影机滤尘网

（2）避免震动和碰撞。

外界强烈的震动会造成液晶片的位移，影响 RGB 颜色的重合，并导致光学透镜和反射镜变形或损坏，严重时还会造成光学变焦镜头卡死甚至破裂。因此，在移动投影机时务必保持平稳，切忌单手移动或者拖动投影机。在投影机正常工作时，应尽可能少地移动机身，避免震动与碰撞。

（3）注意投影机的清洁与节能。

投影机镜头干净与否，将直接影响屏幕投影的清晰程度。如果镜头表面灰尘过多，则会导致出现各种圆圈或斑点。建议使用专业镜头纸或清洁剂轻轻擦拭镜头及周边的灰尘，提升投影机的抗粉尘侵蚀能力，让投影更节能、更环保。图 7-9 所示为清洁投影机镜头。更重要的是，要保持投影机工作环境的干净与整洁。当不需要使用投影机时，应随时将镜头盖盖上，并尽量用防尘罩对其进行保护。此外，采用密封光学引擎、高效防尘与散热系统的投影机也能达到较好的节能效果。

图 7-9 清洁投影机镜头

（4）避免频繁开机、关机与长时间使用。

频繁的电流冲击会加大灯泡和机身电路被击穿的风险，而长时间使用投影机，又会在机身内部积聚过多的热量，容易降低灯泡的亮度甚至炸裂灯泡。建议每次连续使用投影机的时间不超过 4h，两次使用的时间间隔应大于 40min，并根据使用过程的变化灵活启用节能模式，以减少碳排放。

（5）等待灯泡冷却后关闭电源。

投影机在关机后，风扇会持续转动一段时间，以尽可能地排走机身密闭空间内的热量，使灯泡冷却下来。如果此时关闭电源，则风扇会立即停止工作，而积聚在机身内部的热量会影响机身的电气性能，严重时还会导致灯泡炸裂。因此在关机后，最好先等待投影机的指示灯变红且不再闪烁，然后关闭电源。

5. 投影机的选购策略

投影机的使用对室内空间、机器与屏幕之间的投影距离、配套设施及安装方式都有一定的要求。用户在购买投影机时，应结合环境特点和预期使用频率进行选购。

（1）参照室内布局选购投影机和投影幕布。

在选购投影机时，需考虑实际的房间面积与合适的观众人数，在此基础上选购有足够亮度和投影幕布尺寸的投影机，以保证获得良好的画面投影效果。

对于房屋面积在 $50m^2$ 以内的客厅或会议室，投影距离不宜超过 2.5m，建议选购亮度为 800～1500lm 的投影机，并选购 60～80 英寸的投影幕布。

对于房屋面积为 50～$120m^2$ 的小型会议室或标准教室，投影距离不宜超过 3.5m，建议选购亮度为 1500～3000lm 的投影机，并选购 80～120 英寸的投影幕布。

对于房屋面积为 120～$250m^2$ 的中型会议厅和阶梯教室，投影距离不宜超过 4.5m，建议选购亮度为 3000～4500lm 的投影机，并选购 120～200 英寸的投影幕布。

对于比较宽阔的室内环境（如面积超过 $300m^2$ 的大型礼堂或会展中心），建议选购亮度大于 4500lm 的工程型投影机，并选购 200 英寸以上的投影幕布。

图 7-10 所示为在小型会议室中进行投影展示的效果；图 7-11 所示为在客厅中进行大屏投影的观赏效果；图 7-12 所示为投影距离与投影幕布尺寸的建议匹配范围。

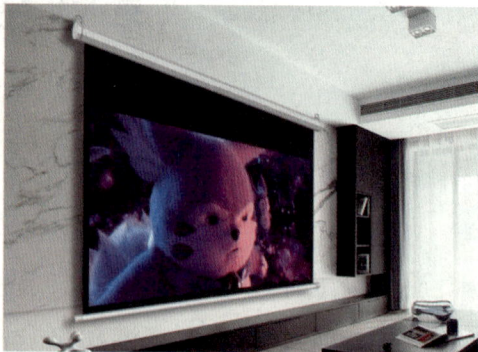

图 7-10　在小型会议室中进行投影展示的效果　　图 7-11　在客厅中进行大屏投影的观赏效果

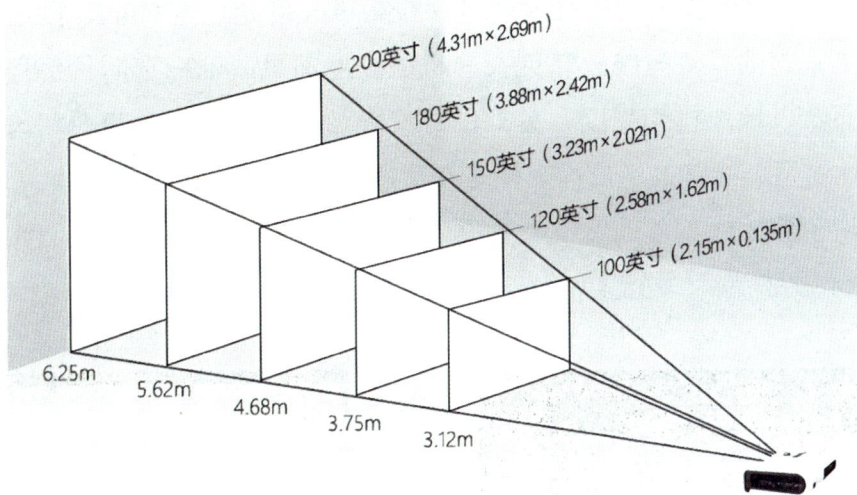

图 7-12　投影距离与投影幕布尺寸的建议匹配范围

（2）根据演示的精细度匹配显示规格。

不同使用环境和演示需要对投影画面的精细度要求是不一样的，可根据实际的投影内容来决定使用哪一种显示规格的投影机。

例如，如果投影与展示的对象以文本、表格、普通图片为主，则应选购标清型显示规格；如果需要投影并展示比较精细、清晰的彩色图像（如高清设计作品或产品图片），则应选购高清型显示规格；而对于需要投影高画质视频的商业用户或家庭影院用户，选购超高清型显示规格的投影机是比较理想的。

（3）选购材质合适的投影幕布。

商业用户在选购投影机时建议配套使用投影幕布，尽量不要直接投射在墙上。根据工艺和面料的不同，可将投影幕分为普通白色幕布、玻珠幕布和玻纤幕布等。

普通白色幕布具有价格低、视角广、视觉效果柔和等特点，不过对光线的增益较小，适合在背景光线不强的室内使用。

玻珠幕布是通过在专用织物上喷涂微小玻璃粉末而制成的，视角广，增益较高，清晰度也较好，但环保性稍差，长时间使用后颜色容易变黄，亮度也会降低，如果频繁卷起玻珠幕布，则会导致上面的玻珠粉末脱落，影响使用效果。不过由于造价低，玻珠幕布多用于教育、商业、公共服务等领域。

玻纤幕布是使用玻璃纤维编织的底布，表面涂有具备特殊投影效果的 PVC 材料，其最大的特点是平整度和视角度比较理想，图像还原自然而又真实，且易于清洗，防潮与防霉能力强，使用寿命长，不会发生变黄、卷边等问题，适用于各种环境，但价格相对较贵。

通常，如果室内的背景光线比较明亮，投影机亮度超过 1200lm，则应选购普通白色幕布；如果室内的背景光线较暗或投影机的亮度不足，则应选购价格稍高的玻珠幕布或玻纤幕布，以增加投影亮度。另外，对投影品质要求较高的商业环境可选购进口幕布，耐用性更好，能有效延长投影幕布变黄的过程。

图 7-13 所示为 120 英寸、宽高比例为 16：9 的电动型玻纤幕布；图 7-14 所示为 100 英寸、宽高比例为 4：3 的手动型玻珠幕布。

图 7-13　电动型玻纤幕布　　　　图 7-14　手动型玻珠幕布

（4）建议使用 LED 或激光光源。

投影机光源是较为昂贵的消耗品，使用寿命有限，在长期工作后会出现不可逆的老化现象，最终因失效而报废。因此，光源的性价比是用户需要重点考虑的问题之一。

传统的灯泡光源在工作中会产生较多热量，这会在一定程度上损伤投影机，且风扇噪音大，亮度衰减较快，影响投影效果。目前，市场上已逐渐减少对灯泡光源的使用。

LED 光源和激光光源属于冷光源，通过半导体材料发光，运行时发热量很低，极大地增强了投影机的稳定性。两类光源的实际使用寿命可达 20000h，且机体密封性好，亮度衰减度极低，无须用户维护和更换灯泡，能有效节约后期维护成本，同时减少碳排放，是未来投影光源的发展趋势之一。

以受众特点为视角，LED 光源体积很小，能将投影机重量降低至 0.5 ～ 1kg，使得投影机的安装、操作和携带更加方便，尤其适合家庭和中小规模企业使用。激光光源具有亮度更高、单色性更优、方向性更好、抗环境光能力更强、使用寿命更长（30000h以上）等特点，适合有很高的投影成像品质要求的用户使用。

（5）运用适宜的安装方式。

安装投影机的房间内的布局、物品摆放情况和观众位置等因素决定了用户要因地制宜，灵活运用适宜的安装方式，这对于家居客厅和商务会议室尤为重要。

　　投影机的安装分为正投、背投、吊投和桌投 4 种方式，也可以将之归纳为桌面正投、桌面背投、吊装正投和吊装背投 4 种方式，这些安装方式各有利弊。一般来说，会议室、教室、客厅等具有固定用途的场所适宜选择吊投方式；面积较小的会议室、工作室、客厅、卧室及临时工作室等场所适宜选用正投或移动式桌投方式；影厅、舞台、展厅等专业性较强的室内开阔场所适宜选用背投方式。

　　图 7-15 ～图 7-18 所示分别为投影机正投方式、投影机吊投方式、投影机背投方式、投影机桌投方式。

图 7-15　投影机正投方式

图 7-16　投影机吊投方式

图 7-17　投影机背投方式

（a）固定式

（b）移动式

图 7-18　投影机桌投方式

【延伸阅读 2：几种常见投影方式的特点与适用环境】

（6）根据展示需要选购投影机。

市场上的投影机琳琅满目，在体积、外观、品质和功能等方面各有特色，其中知名度较高的投影机品牌有极米、明基、优派、坚果、小米、宏碁、酷乐视、丽讯、奥图码、爱普生、索尼、日立、松下、夏普、三洋、NEC 等。

随着云技术和高清影视的普及，支持云应用的投影机也逐渐流行起来，如一体式云投影、便捷式云投影、智能型云投影、游戏影院型云投影、与云电视配合的声物云投影等。通过整合无线连接、海量存储、媒体拓展、节能环保等功能，投影机更加智能化，其实用性和沉浸式体验也变得更强。

下面介绍两款高清商务投影机。图 7-19 所示为索尼 EW575 高清 3D 商务投影机；图 7-20 所示为明基 RW30A3 高清商务投影机。

图 7-19　索尼 EW575 高清 3D 商务投影机　　　图 7-20　明基 RW30A3 高清商务投影机

表 7-1 所示为索尼 EW575 高清 3D 商务投影机和明基 RW30A3 高清商务投影机的主要配置。

表 7-1　两款高清商务投影机的主要配置

	索尼 EW575 高清 3D 商务投影机配置	明基 RW30A3 高清商务投影机配置
投影技术	3LCD	DLP
亮度	4300lm	5000lm
显示分辨率	标准：WXGA（1280×800ppi） 最高：WUXGA（1600×1200ppi）	标准：WXGA（1280×800ppi） 最高：WUXGA（1920×1200ppi）
光源类型	超高压汞灯	激光
光源寿命	正常模式：6000h 经济模式：10000h	正常模式：20000h 经济模式：30000h
对比度	10000：1	15000：1
投影距离	0.76～7.62m	0.8～14.2m

续表

	索尼 EW575 高清 3D 商务投影机配置	明基 RW30A3 高清商务投影机配置
投影尺寸	80～300 英寸	30～300 英寸
屏幕比例	16：10	16：10
投影方式	吊装正投、吊装背投、桌面正投、桌面背投	吊装正投、吊装背投、桌面正投、桌面背投
质保服务	整机 2 年、灯泡 6 个月全国联保	整机 2 年、灯泡 6 个月全国联保

注：上述数据来源于市场信息，仅供参考。

课堂实训 　使用投影机体验数字化工作应用

本实训任务将帮助学生认识投影机的基本特点和配套功能，使其熟悉多媒体教学展示与会议简报业务，体验现代数字化工作应用模式。

【操作步骤】

（1）准备一台投影机（可以使用独立的设备或实训室吊投设备），辨识投影机的操作面板、镜头、调焦按钮、进风口、电源开关、外部接口等构成部分。

（2）结合说明书或网上资料，了解投影机的品牌、产品类型、适用环境和主要技术指标，以及投影幕布的类型、尺寸、材质、升降方式等基本信息。

（3）分别投影展示文本、表格、图片、幻灯片、教学视频等会议资料，观察静态和动态投影光亮度、清晰度、色差度、色彩呈现等效果，判断是否存在变色、暗影、斑点或位置偏移，能否满足教学或会议展示的要求。

（4）如果投影效果不理想，则观察投影机的镜头、进风口、功能设置，以及投影幕布的摆设和布面等情况，尝试分析问题可能的原因。

（5）针对投影机存在的问题，制定必要的保养与维护方案。如果条件允许，则可在任课老师的指导下进行简单的表面清洁和功能调整。

【小组讨论】

可以采取哪些方法优化投影机的使用，在保证投影效果的同时降低能耗和碳排放量，做到性能、节能两不误？

【能力评价】

实训结束，完成下面实训能力评价表的填写。

"使用投影机体验数字化工作应用"实训能力评价表

实训任务	检查点	完成情况	出现的问题及解决措施
使用投影机体验数字化工作应用	★ 能够辨识投影机和投影幕布的基本信息	□完成 □未完成	
	★ 熟悉投影机的开机与关机、基本功能设置及投影幕布升降等操作	□完成 □未完成	
	★ 能够正确投影文档、图片、视频等常见会议和教学资料	□完成 □未完成	
	★ 了解简单清洁和保养投影机的方法	□完成 □未完成	
	★ 初步熟悉使用光学投影的低碳化、节能化要求	□完成 □未完成	
	★ 体会多媒体投影展示方式在现代数字化工作中的作用	□完成 □未完成	

前沿动态 抛开屏幕，360° 呈现投影！////////////////////////////////

在立体空间中 360° 无死角投射立体影像，这会是一种什么样的观赏体验？

思考与实践

1. 家用型投影机与商务办公型投影机有什么区别？

2. LED 光源和激光光源各有什么特点？

3. 目前，常用的投影幕布有哪几种类型？分别有什么优点与不足？

4. 如果在投影时发现画面存在斑块、暗影或偏色，则应如何维护投影设备？

5. 当投影完成后马上关闭投影机电源，会对设备产生什么影响？应如何正确关闭投影机？

6. 如果想要在一间 60m² 的会议室和一间 200m² 的阶梯教室内进行投影，则可以选择哪种亮度的投影机与哪种尺寸的投影幕布？适合采用哪种投影机安装方式？

任务 2　熟悉摄像头

摄像头（Digital Camera）是一种视频输入设备，广泛应用于网络视频交流、静态照片拍摄、远程网络会议、网络可视电话、网络实时监控等场合。摄像头不仅可以传输影像、声音等多媒体数据，还能够通过相应的驱动软件和图像处理软件进行影音效果编辑。

1. 摄像头的常见类型

摄像头产品比较多，一般可以分为以下几种类型。

根据传输信号的不同，可以将摄像头分为模拟摄像头和数码摄像头。后者一般采用 USB 接口，是目前市场上的主流产品。

根据安装方式的不同，可以将摄像头分为桌面底座式摄像头、高杆式摄像头和液晶悬挂式摄像头。采用高杆和液晶悬挂的安装方式能让摄像头的拍摄效果更加具有观赏性，所拍摄的图像也更加个性化。图 7-21 所示为不同安装方式下的摄像头。

（a）桌面底座式摄像头　　　（b）高杆式摄像头　　　（c）液晶悬挂式摄像头

图 7-21　不同安装方式下的摄像头

根据拍摄功能的不同，可以将摄像头分为防偷窥型摄像头和夜视型摄像头。其中，防偷窥型摄像头内置微型电源开关，在不使用摄像头时自动切断电源，防止黑客远程开启、操控摄像头；夜视型摄像头往往带有 LED 灯，在照明亮度较低的环境下可以弥补光线的不足。图 7-22 所示为防偷窥型摄像头；图 7-23 所示为夜视型摄像头。

图 7-22　防偷窥型摄像头

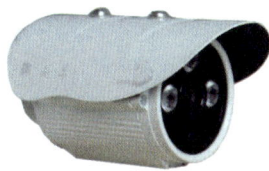

根据是否支持驱动程序，可以将摄像头分为驱动型摄像头和无驱型摄像头。驱动型摄像头只有单独安装了专门的驱动程序才能使用相关功能；无驱型摄像头使用的是通用版驱动程序，可以被计算机直接识别，支持设备即插即用，其使用和维护比较方便。

图 7-23　夜视型摄像头

此外，近几年流行的无线型摄像头、高清型摄像头等产品也受到很多用户的青睐。

2. 摄像头的选购策略

随着"互联网+商务"应用的普及，摄像头已成为远程会议和在线多媒体交流的必备工具之一。用户可以参考以下方法，在众多的品牌与类型中挑选合适的摄像头。

（1）选择优秀的传感器部件。

传感器是摄像头的核心部件，而其技术则是摄像头的关键技术。摄像头中的传感器包括电荷耦合器件（CCD）和互补金属氧化物半导体（CMOS）。前者的成像清晰度和色彩还原系数比较高，但价格也比较贵；虽然后者在成像方面稍微逊色，但价格相对低廉，功耗也低。对于不追求高端成像品质的用户，CMOS 摄像头是比较合适的。

（2）尽量选购高像素的产品。

像素决定了传感器形成电子图像的能力。像素越高，意味着摄像头能够感测到的物体细节越多，图像由此而越清晰，视频质量也越高。目前，主流的摄像头可以支持 130 万像素、200 万像素、300 万像素、500 万像素、800 万像素、1000 万像素、1200 万像素及更高的像素。

（3）重视摄像头的分辨率。

分辨率代表摄像头在图像解析方面的能力。摄像头常见的分辨率有 1024×768ppi、1280×720ppi、2560×1920ppi 等。分辨率越高，图像的品质就越好，但是记录的数据量也会越大。在进行视频会议时，高分辨率的视频传输需要更大的网络带宽和更稳定的网络通信线路，因此用户要结合实际环境进行选购。

摄像头的分辨率有物理分辨率和软件分辨率之分。一些摄像头标识的分辨率指的是通过软件运算所能达到的最大插值分辨率，而并非摄像头硬件自身的分辨率。虽然摄像头专用的软件可以适当提高图像拍摄的精度，但与摄像头的物理分辨率相比还是存在一定的差距，这一点也需要用户（尤其是商业用户）注意。

（4）认真挑选镜头。

镜头是摄像头对光线最敏感的部件，通常由多片透镜构成。根据所用材质的不同，可以将透镜分为塑胶透镜和玻璃透镜。品质较高的摄像头大多采用玻璃透镜，其透光性和成像效果要好于塑胶透镜。但玻璃透镜的成本比较高，多用于高端摄像头，市场中的普通摄像头往往采用塑胶透镜或半塑胶、半玻璃透镜。

对于成像速度和图像质量要求很高的网络高清视频传输，用户不仅需要考虑镜头中镜片的材质，还需要考虑镜片的数量，此外，还应注意镜头光圈与焦距的配置。

（5）进行实际测试。

各种摄像头的性能配置往往各不相同，其中一些细微的参数区别很难进行直观对比。用户在选购时最好实际测试一下摄像头，例如，通过观察成像效果是否清晰、晶莹来评估镜头的品质；通过视频捕捉功能来确定最大分辨率和帧速率等。

【延伸阅读 3：测试摄像头的视频效果】

（6）关注附送的软件及其功能。

为了增强产品的吸引力，不少厂商会随摄像头附送带有自定义表情、面部道具、虚拟人物、视频特效或魔幻编辑等功能的软件，支持在视频中添加个性化图像、动画、相框、面具、光效、镜面、脸部跟踪及美颜滤镜等一系列有趣的影像功能或特效，这些功能与特效还可以配合 QQ、微信等软件使用，大大提高视频交流、直播展示和社交互动的趣味性。

（7）享受一线品牌的品质保障。

在摄像头行业内，拥有较强的专业设计、制造能力及优秀的成像品质的一线品牌有海康威视、双飞燕、天敏、爱国者、罗技、微软、蓝色妖姬、雷柏、雷蛇、飞利浦、炫光等。

下面介绍两款高清会议型网络摄像头。图 7-24 所示为海康威视 DS-U68 个人版高清会议型网络摄像头；图 7-25 所示为罗技 C1000E 专业级超高清会议型网络摄像头。

图 7-24　海康威视 DS-U68 个人版
高清会议型网络摄像头

图 7-25　罗技 C1000E 专业级超高清
会议型网络摄像头

表 7-2 所示为海康威视 DS-U68 个人版高清会议型网络摄像头和罗技 C1000E 专业级超高清会议型网络摄像头的主要配置。

表 7-2　两款高清会议型网络摄像头的主要配置

	海康威视 DS-U68 个人版高清会议型网络摄像头配置	罗技 C1000E 专业级超高清会议型网络摄像头配置
适用设备	笔记本电脑	笔记本电脑、台式计算机
传感器	CMOS	CMOS
摄像头像素	800 万 px	1300 万 px
动态分辨率	4K（3480×2160ppi）	4K（4096×2160ppi）
帧速率	30fps	90fps
接口类型	USB 3.0、USB Type-C	USB 3.0、USB Type-C
镜头	玻璃镜头、自动对焦，定焦：3.6mm	玻璃镜头、自动对焦，光圈：F 2.4
视场角	水平 83°、垂直 53°、对角 91°	水平 65°、垂直 78°、对角 90°

续表

	海康威视 DS-U68 个人版高清会议型网络摄像头配置	罗技 C1000E 专业级超高清会议型网络摄像头配置
其他功能	免驱设计，内置双麦克风，支持自动电子增益和彩色夜视功能	免驱设计，内置双降噪麦克风，5 倍数字变焦，红外传感技术
质保服务	1 年全国联保	3 年有限硬件质保

注：上述数据来源于市场信息，仅供参考。

课堂实训　　　　　使用摄像头体验网络视频会议

本实训任务将帮助学生认识摄像头的功能特点和使用方法，使其熟悉网络视频交流应用，体验现代办公中的网络视频会议工作方式。

【操作步骤】

（1）准备一个摄像头，了解其品牌与规格，观察其属于何种类型的产品，是否可以悬挂在显示器上。

（2）连接摄像头与计算机，观察系统能否直接识别该设备。如果不能识别，则手动安装设备驱动程序（可以通过驱动精灵等软件来安装）。

（3）根据实训工位的特点，将摄像头放置在合适的位置，使用人员调整坐姿，确保摄像头能以比较合理的高度和角度拍摄人脸，注意尽量不要逆光。

（4）使用摄像头拍摄几张照片或一段视频，观察拍摄的效果是否清晰，以及视频是否存在卡顿现象。如果出现问题则分析可能的原因。

（5）组内其他学生使用另外的摄像头（或笔记本电脑、智能手机的内置摄像头），通过钉钉、腾讯会议等软件，搭建一个简单的网络会议体验场景，由组长主持会议，可以讨论学习、文体活动、班级工作等事项。

（6）查阅互联网资料，了解该摄像头是否还有其他附属功能，如果有则尝试体验相关功能的使用效果。

【小组讨论】

在有需要的情况下，如何使用摄像头和相关软件开展连接学校和家庭的线上与线下混合式学习？

【能力评价】

实训结束，完成下面实训能力评价表的填写。

"使用摄像头体验网络视频会议"实训能力评价表

实训任务	检查点	完成情况	出现的问题及解决措施
使用摄像头体验网络视频会议	★ 能够辨识摄像头的品牌、规格、类型等基本信息	□完成　□未完成	
	★ 熟悉摄像头的连接、安装、初始化等操作	□完成　□未完成	
	★ 能够合理布置摄像头的位置，保证视频交流或图像拍摄的效果	□完成　□未完成	
	★ 能够使用各种摄像头进行基于多方交互的视频通话	□完成　□未完成	
	★ 体会在当今社会背景下，视频交流对线上学习、远程会议、混合式办公的现实意义	□完成　□未完成	

前沿动态　人工智能，让摄像头和耳机变得更聪明！

俗话说，知人知面不知心。但倘若有朝一日，你身边的设备能真正"听懂"你说的话，"读懂"你的内心，甚至直接回应你大脑的想法，你又该如何与它相处呢？

思考与实践

1. 出于安全性及隐私性考虑，家庭环境和企业仓库适合使用哪种类型的摄像头？
2. CCD 和 CMOS 各自有什么优点与缺点？哪种适用于制造高端摄像头？
3. 玻璃透镜相较塑胶透镜而言有什么优势？
4. 摄像头的分辨率可以分为哪两种类型？有什么不同？
5. 在选购摄像头时，如何测试产品实际的性能表现？

电子活页章节 9

熟悉麦克风与耳机

【延伸阅读 4：不同场景下麦克风与耳机的选购技巧】

职业实践项目 8　熟悉互动展示设备

☑ 项目概述

本项目以触控一体机为例，简要介绍多媒体互动展示类办公设备的常见类型与选购策略等相关内容。

✔ 项目分析

本项目结合多媒体互动展示与交流等会议需要，侧重讲解具备信息投影、教学展示、远程交流、宣传导视、白板书写、自助查询等业务功能的一体式触控交互设备，帮助学生掌握基本的学习思路和运用方法，达到举一反三、更好地进行实践的目标。

➡ 项目实施

触控是数字化时代的核心技术之一。基于触控技术的智能化人机交互应用能让用户更加直观、便捷地传达和交流信息，也使得现场及远程会议、研讨、直播和教育培训变得更加具有临场感，提升了信息化办公和多媒体教学的实施效果。

任务 1　熟悉触控一体机

触控一体机又被称为"触摸一体机"，是一种集液晶显示屏、触摸屏、外壳和主机于一体的多功能集成化设备，通过多点触摸技术来控制液晶屏并使用主机中的应用程序，只需轻触屏幕就能进行书写、图形绘制、信息展示、文件编辑、程序运行和影音播放等操作，与专门的应用软件相结合还能实现各种智能化功能。

1. 触控一体机的常见类型

由于使用需求多样，因此可以将触控一体机分为多种类型。

根据使用领域的不同，可以将触控一体机分为教学触控一体机、会议触控一体机、展示触控一体机、查询触控一体机等类型。

根据安装方式的不同，可以将触控一体机分为壁挂式触控一体机、落地式触控一体机、卧式触控一体机和定制式触控一体机等类型。

根据触控技术的不同，可以将触控一体机分为红外式触控一体机、电容式触控一体机、电阻式触控一体机、声波式触控一体机、光学技术触控一体机等类型。目前，使用最多的是红外式触控一体机。

另外，随着应用场景的不断拓展，触控一体机延伸出多种细分类型，包括纳米智慧触控一体机、交互式智能平板、多媒体触摸屏黑板、液晶触控电子白板、互动式自助查询触控一体机、触控式液晶屏广告机、触控式结款出票机、触控式排队取号机、触控式 KTV 点歌机等。

图 8-1 所示为交互式智能会议触控一体机的应用场景；图 8-2 所示为互动式医疗信息自助查询触控一体机的应用场景。

图 8-1　交互式智能会议触控一体机的
应用场景

图 8-2　互动式医疗信息自助查询触控一体机的
应用场景

2．触控一体机的选购策略

触控一体机主要由前框、触摸屏、钢化玻璃、液晶显示屏、主机硬件、金属后壳、壁挂架等几部分构成。作为一种智能人机互动设备，其强大的交互功能和便捷的操作方式为现代办公与教学提供了很大的便利。目前，触控一体机正向着大尺寸化的趋势发展，大屏触控一体机让操作更加方便，视觉效果也更好。用户可参考以下策略选购大屏触控一体机。

（1）外壳材质的选择。

触控一体机通常采用塑料、合金、铝材、冷钢钣金等材质来制造外壳。其中，冷钢钣金材质不仅坚固、耐用，还具有优良的承重能力和较好的防腐蚀、防氧化效果，能很好地满足触控一体机的挂壁固定式和支架式安装要求。

（2）液晶屏的选择。

对于大屏触控一体机，建议选择专业级或工业级 LED 硬屏，具有硬度高、散热性好、稳定性强、基本没有坏点或亮点、画面呈现效果优异的特点，比较适用于商务会议和教学培训。

（3）触控屏的选择。

触控屏的类型关系到触控一体机的操作体验。会议型及教学型大屏触控一体机大多使用红外触控屏，具有良好的触控灵敏度和流畅度，触控反应均匀、无死角，在交互体验和手写展示方面表现优异。

（4）主机配置的选择。

主机是保障计算功能的基础，其构成原理与普通计算机相同，包括主板、CPU、内存和硬盘等部件。主机部件的品质依赖于品牌的支撑，用户应在满足日常功用需要的基础上选择性能较高的配置，以满足多元化的交互展示与使用需要。

（5）软件功能的选择。

在硬件配置趋于同质化的今天，触控一体机的竞争能力与应用特点主要体现在软件功能的设计之上。用户可根据多方会议和团队协作等需要，选择相应的支持软件，如会议型电子白板、加密远程视频软件、无线屏幕投影软件、会议记录转存软件等，以实现跨设备的多屏互动、跨部门的即时沟通，以及信息的无缝切换与传输等办公业务功能。

（6）品牌的选择。

品牌在很大程度上代表着产品的质量和售后服务。目前，触控一体机的品牌众多，产品类型和服务水平各异，其中希沃、鸿合、海信、感触、星火、鑫海视、互视达、森克、悦纳、智美科等品牌拥有较高的市场知名度和品质认可度。

下面介绍两款交互式触控一体机。图 8-3 所示为鑫海视 86 英寸双系统交互式会议触控一体机；图 8-4 所示为感触 42 英寸交互式自助查询触控一体机。

图 8-3　鑫海视 86 英寸双系统交互式会议
触控一体机

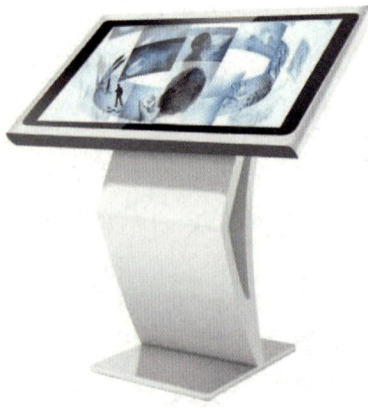

图 8-4　感触 42 英寸交互式自助查询
触控一体机

表 8-1 所示为鑫海视 86 英寸双系统交互式会议触控一体机和感触 42 英寸交互式自

助查询触控一体机的主要配置。

表 8-1　两款交互式触控一体机的主要配置

	鑫海视 86 英寸双系统交互式会议触控一体机配置	感触 42 英寸交互式自助查询触控一体机配置
适用场所	中小型会议室、教室等	窗口服务单位、展厅会馆、娱乐场所等
触控屏	红外式触控屏	红外式触控屏
显示屏尺寸	86 英寸	42 英寸
分辨率	3840×2160ppi（60Hz）	3840×2160ppi（60Hz）
亮度 / 对比度	500cd/ m²，5000：1	450cd/ m²，2000：1
响应时间	≤ 6ms	≤ 5ms
触控寿命	单点触控 8 万次	单点触控 8000 万次
处理器	Intel 酷睿 i5	Intel 酷睿 i5
存储	安卓系统：运行内存 1GB，存储内存 8GB PC 模块：运行内存 4GB，固态硬盘 128GB	安卓系统：运行内存 2GB，存储内存 8GB PC 模块：运行内存 4GB，固态硬盘 128GB
系统	安卓 /Windows 双系统	安卓 /Windows 双系统
触控点数	10 点触控	10 点触控
质保服务	3 年全国联保	3 年全国联保

注：上述数据来源于市场信息，仅供参考。

使用触控一体机体验数字化互动应用

【课堂实训】

本实训任务将帮助学生认识触控一体机的基本功能，使其熟悉触控式信息展示、教学演示、会议共享、文件传输等业务，体验现代数字化互动应用模式。

【操作步骤】

（1）准备一台触控一体机（可使用教室、实训室的教学一体机），辨识其前框、屏幕、按钮、主机、前面板和侧面板的接口，以及扩展附件和系统类型，并说明相关构成硬件的基本功能。

（2）打开电子白板软件，首先书写几行会议提纲或一段文字，对部分文字进行擦除与修改，然后将已书写的文件存储，并导入 U 盘或笔记本电脑。

（3）小组合作制作一个主题视频或幻灯片（如大美校园、美丽乡村、红色基因电影介绍等），搭建课堂演讲场景，由小组代表利用触控一体机（或投影机）进行展示，并介绍其中的亮点与特色，通过师生之间的交流、互动与情感分享，培养家国情怀。

（4）参照具体实训条件，尝试使用触控一体机的其他教学或会议功能，如屏幕投影、无线传输、多方视频、课件制作、电子教室广播等。

【小组讨论】

（1）该触控一体机的性能和功能表现如何，是否满足新标准下的信息化和智慧化教学需要，是否具备线上与线下会议及协作办公的基本功能？

（2）在课后自由活动时间，学生应如何合理使用教室、实训室或功能室的触控一体机，如何利用触控一体机开展一些有意义的学习或文体活动，既要发挥触控一体机的数字化互动价值，又能节约电能，减少碳排放？

【能力评价】

实训结束，完成下面实训能力评价表的填写。

"使用触控一体机体验数字化互动应用"实训能力评价表

实训任务	检查点	完成情况	出现的问题及解决措施
使用触控一体机体验数字化互动应用	★ 能够辨识触控一体机的基本构成，能够进入及切换系统	□完成　□未完成	
	★ 熟悉电子白板软件的使用	□完成　□未完成	
	★ 能够在触控一体机中播放、编辑、设计、共享多媒体文件	□完成　□未完成	
	★ 熟悉触控一体机其他实用的线上与线下教学及会议功能	□完成　□未完成	
	★ 体会多媒体屏幕互动方式在现代数字化工作中的作用	□完成　□未完成	

前沿动态　非接触式触摸——与世界互动的全新方式

在外出购物、买票时不想触摸公共显示屏怎么办？在开会、上课时能否只通过坐在座位上点击触控一体机来浏览相关内容或执行相应操作？握住空气中的虚拟水杯能感受到温度吗？别着急，科技的潜力是无限的。只要你敢于想象，科技便能帮你解决以上问题！

思考与实践

1．教室、实训室使用的触控一体机属于哪种类型的产品？基本配置如何？具备哪些常用的教学或会议功能？

2．触控一体机通常使用哪些系统？不同的系统主要承担什么作用？

3．与传统的黑板或推拉式白板相比，电子白板在功能和操作等方面有什么优点？

4．除了学校的触控一体机，你在公共场所还使用过哪些触控一体机？这些设备一般具有什么功能？

【素养寄语】

老张
有话说

随着办公空间的深度延伸及多媒体元素的极大丰富，人们已经习惯通过交互来搭建相互之间联系情感的桥梁。办公人员要善于融合互联网文化与企业文化，灵活运用信息化交互方式，发扬平等、公正、友善、和谐、包容、合作、互助等富有社会主义人文美的优良品格，散发职场语境下的积极能量，提升情感交互体验，为职业工作注入更多的"温度"与"味道"。

办公影像摄制场景

职业情景导入

经过与客户的深入讨论，公司最终确定了合作方案，并与客户共同签订了合作协议。接下来，公司将与客户联合举办一场线上与线下同步的宣传活动，需要拍摄及制作视频用于市场推广。

老张：这次宣传活动是公司本年度的一次盛会，会场包括本部的主会场和多地的分会场。我们要跟进整个会场的宣传流程，将活动的精彩瞬间拍摄并记录下来。

小燕：收到，我尽快申请采购数码相机、数码摄影机等影像摄制设备。

老张：还要组织人员制定拍摄方案，进行全过程、多角度、立体化的拍摄，彰显活动的价值与亮点，便于后期进行针对性的编辑与制作。

工作任务分析

本单元通过介绍影像摄制设备的相关内容，帮助学生熟悉办公影像摄制场景的职业特点与工作要求，引导学生发现美、记录美、创造美，展现美的底蕴，集聚美的力量，描绘美的蓝图，在奋斗的青春中绽放最"美"韶华。

知识学习目标

- 了解办公影像摄制设备的基本特点
- 熟悉办公影像摄制设备的使用方法
- 熟悉办公影像摄制设备的维护与选购策略

能力培养目标

- 能够辨识办公影像摄制设备的基本构成
- 能够简单操作常见的办公影像摄制设备
- 能够根据业务需要合理选购办公影像摄制设备

价值塑造目标

- 涵养积极、乐观、阳光、向善的精神品格
- 厚植家国情怀，强化责任担当
- 提升美学修养与审美品位

实践场景五
办公影像摄制场景

职业实践项目 9　熟悉影像摄制设备

项目概述

本项目以数码相机为例，简要介绍影像摄制类办公设备的常见类型、性能、保养与维护策略，以及选购策略等相关内容。

项目分析

本项目结合数码摄影和视频录制等业务需要，侧重讲解适用于商业活动影像摄制及后期处理的影像摄制设备，帮助学生掌握基本的学习思路和运用方法，达到举一反三、更好地进行实践的目标。

项目实施

在现代信息化办公及各类商业活动中，人们往往需要采集、摄制、处理多种多媒体数据，包括图形和图像、音频和视频等，以获得品质更高、内容更加丰富的视听体验，这就需要用到专业的数码影像摄制设备。

任务 1　熟悉数码相机

数码相机（Digital Camera，DC）属于光学、机械、电子一体化的集成设备，能对拍摄下来的影像信息以数字化方式进行存储，并借助图像编辑软件对影像信息进行任意处理，实现影像的个性化设计、制作与永久性存储。数码相机的发明被人们视为"摄影界的革命"。

1. 数码相机的常见类型

根据不同的拍摄用途，大致可以将数码相机分为单反相机、卡片相机、微单相机、单电相机、长焦相机、广角相机、防水相机、专业相机、拍立得相机和 LOMO 相机等几种类型，其中以单反相机、卡片相机、微单相机和长焦相机较为常用。

图 9-1～图 9-4 所示分别为单反相机、卡片相机、微单相机和长焦相机。

图 9-1　单反相机

图 9-2　卡片相机

图 9-3　微单相机

图 9-4　长焦相机

【延伸阅读 1：常见数码相机的功能特点】

2. 数码相机的性能指标

数码相机的构造比较复杂，技术含量很高，机械与光学部件非常精密。下面列举几个会对数码相机产生重要影响的性能指标。

（1）传感器。

传感器是数码相机的"心脏"，负责将影像中的光学信息转换成数字信号，从而实现数码成像，其性能直接决定了数码相机的档次和品质。数码相机中的核心传感器有两种，一种是 CCD 传感器，另一种是 CMOS 传感器。

CCD 传感器的发展历史较久，其工作方式更接近于人眼产生视觉的工作方式，成像结构通常以百万像素为单位，成像的质量比较好，使用范围广，尤其在消费级和高端数码相机中有非常多的应用。但 CCD 传感器的制造工艺复杂，耗电量比较大，生产成本也居高不下，目前只有少数大厂商能够掌握该技术。

CMOS 传感器在电源消耗上要比 CCD 传感器低，而且在相同的分辨率条件下，CMOS 传感器的价格也比 CCD 传感器的价格低。但是，CMOS 传感器的整体成像质量不如 CCD 传感器，因此 CMOS 传感器多应用于中端、低端数码相机。随着传感技术的不断进步（如高动态范围 CMOS 元件的成熟），CMOS 传感器逐渐摆脱对快门、光圈、伽马矫正的依赖，成像效果逐渐接近于 CCD 传感器的成像效果。加之具有价格方面的优势，目前在很多主流数码相机甚至专业相机中，CMOS 传感器已得到了迅速的推广与应用。

（2）像素。

像素（Pixel）是数字图片的存储单位，像素越高，数字图片的面积就越大。数码相机可拍摄的像素有最大像素（Maximum Pixels）和有效像素（Effective Pixels）之分，其中，最大像素是指 CCD 传感器或 CMOS 传感器自身的像素，并非实际运算得出的像素值；有效像素是指真正经过感光成像及算法转换之后，最终获得的最大图片像素值。

从成像效果上来看，最大像素只是一种参考因素，而有效像素值才是决定数码相机拍摄质量的关键参数之一。

（3）光学变焦。

数码相机依靠光学镜头的结构实现变焦，即通过移动镜片来达到放大或缩小所拍摄的景物的效果。光学变焦能在景物拍摄成像的基础上增加更多的像素，进而有效增加景物图像的成像面积及拍摄的清晰度。因此，光学变焦的倍数越大，数码相机越能拍摄到远处的景物，拍摄的质量也就越好。

目前，入门级数码相机的光学变焦倍数大多在 5 倍或 5 倍以下，在拍摄时能达到相当于把 10m 以外的物体拉近至距拍摄者大约 3m 的效果。根据不同的功能用途，数码相机可拥有 10 倍、12 倍、20 倍、22 倍、30 倍乃至 40 倍等多种变焦倍数的光学变焦功能。

（4）等效 35mm 焦距。

等效 35mm 焦距是指与数码相机有相同视角的 35mm 胶卷相机的镜头焦距。焦距代表镜头的光学中心和焦平面之间的距离。焦距越小，镜头的视角就越大。由于传统的 35mm 胶卷相机曾在世界范围内得到广泛应用，因此在当今数码信息时代，人们也习惯将 35mm 焦距作为衡量数码相机镜头视角的一种标尺。

　　数码相机的传感器一般都做得很小，为了能成像感光，焦距也大多设计得比较短。厂商往往使用 35mm 焦距来作为参照值。例如，28mm 焦距可以实现广角拍摄；35mm 焦距为标准视角；50mm 焦距最接近于人眼的自然视角；380mm 焦距属于超望远视角，此类镜头能够清晰地捕捉远方的景物。

【延伸阅读 2：数码相机的其他重要性能参数】

3. 数码相机的保养与维护策略

　　数码相机是一种敏感、"娇贵"的光学电子设备。只有正确使用、勤于保养，才能用数码相机不断记录美好的瞬间。

　　（1）勿用衣物擦拭镜头。

　　一些用户在拍照时习惯用自己的衬衫或 T 恤来擦拭镜头，这是非常不好的习惯。衣物上的汗水和污渍会腐蚀镜头表面的镀膜，而较粗的纤维也有可能划伤镜头。另外，普通纸巾也不适合擦拭镜头。最好使用镜头纸、镜头笔或者气球吹等工具来清洁镜头。

　　（2）使用相机肩带。

　　使用相机肩带可以有效地保护数码相机，能有效防止由于脱手而造成的数码相机损坏。如果用户不习惯使用肩带，则可以使用相机捕手（Capture Camera Clip）一类的专用腕带。

　　（3）随时盖上镜头盖。

　　镜头表面的镀膜非常脆弱。用户最好养成时刻盖上镜头盖的好习惯，避免灰尘、液体等对镜头产生不利影响。另外，用户可以使用高质量的 UV 镜，在不影响拍摄效果的同时，为镜头额外加上一层保险。

　　（4）避免过度暴露数码相机的传感器。

　　单反相机、微单相机所具备的可换镜头的特点使得用户可以直接接触数码相机的传感器。但传感器就像一块"磁铁"，比较容易吸附灰尘。所以，更换镜头的动作尽量要快，避免传感器长时间暴露在灰尘很多的空气中。

　　（5）小心使用电池。

　　如果长时间不使用数码相机，则应隔一段时间便对电池进行一次充电，以保证电池有更好的活性。如果数码相机使用的是 AA 碱性电池，则应在长时间闲置之前将电池取出，避免电池变形并渗液，进而损坏数码相机内部的元件。

（6）外出时携带相机包。

无论是微型卡片数码相机还是可换镜头数码相机，在外出时最好都将其装入设计合理、防震效果较好的相机包内，可以避免由摔、碰、撞等导致的数码相机损坏。

（7）灵活控制电能消耗。

液晶屏和闪光灯是电能消耗较大的部件。在拍摄时应尽量选择禁用闪光灯，通过适当调节感光度和曝光组合来实现正确曝光。对于配备光学取景器的数码相机，可以使用光学取景器进行拍摄，同时尽量减少图片回放次数，以延长数码相机的待机时间。此外，很多数码相机都内置了智能化的节电功能，合理利用这些功能可以减少电能消耗，达到节能与环保的拍摄效果。

【延伸阅读3：数码相机的选购策略】

下面介绍两款适合商业环境拍摄的数码相机，仅供参考。图9-5所示为佳能EOS R6微单相机；图9-6所示为索尼RX10 IV长焦相机。

图 9-5　佳能 EOS R6 微单相机　　　　图 9-6　索尼 RX10 IV 长焦相机

表9-1所示为佳能EOS R6微单相机和索尼RX10 IV长焦相机的主要配置。

表 9-1　两款适合商业环境拍摄的数码相机的主要配置

	佳能 EOS R6 微单相机配置	索尼 RX10 IV 长焦相机配置
传感器	全画幅 CMOS 传感器（双核 CMOS AF II）	Exmor RS CMOS 传感器
有效像素	2010 万 px	2010 万 px
最高分辨率	5472×3648ppi	5472×3648ppi
取景器	0.76 倍 OLED 电子取景器	0.7 倍 XGA OLED 电子取景器
闪光灯	外接型闪光灯（带热靴）	外接型闪光灯（带热靴）
对焦区域	最大 1053 区	广域 / 中间 / 自由点 / 锁定 AF 等
对焦方式	面部 + 追踪、定点 / 单点自动对焦、扩展自动对焦、区域自动对焦等	快速混合自动对焦（相位检测自动对焦 / 对比检测自动对焦）
视频拍摄	支持 4K 高清视频拍摄	支持 4K 高清视频拍摄
电池	锂电池	充电电池

续表

	佳能 EOS R6 微单相机配置	索尼 RX10 IV 长焦相机配置
续航能力	电池拍摄：250 张照片以上 短片拍摄：2.5h 以上	电池拍摄：约 400 张照片 短片拍摄：2h 以上
质保服务	1 年全国联保	1 年全国联保

备注：上述数据来源于市场信息，仅供参考。

电子活页章节 10

熟悉数码摄像机

课堂实训　　　　　**使用数码相机体验美学拍摄应用**

本实训任务将帮助学生认识数码相机的功能特点，使其熟悉在特定环境下对物品的摆放、拍摄、后期处理和作品展示等应用，体验现代数字化影像制作方式，培养学生的美学创新能力，提升审美感知、人文素养及对美的文化理解。如果不具备专业相机拍摄的实训条件，则可以使用成像品质较高的智能手机代替。

【操作步骤】

（1）准备一台数码相机，熟悉其品牌、产品类型等相关信息，正面、背面、侧面等各部分构成，以及镜头、电池等附属部件，并查阅互联网资料，了解其主要的性能指标。

（2）选取若干个物品（如乡村农产品、城镇特色产品、民族手工艺品或其他家乡代表性产品等），结合室内光线、背景等环境因素，将它们放置在合适的位置，分别尝试进行正面、侧面等多角度拍摄，并体验背景虚化、静物特写等多种拍摄功能。

（3）选出一名学生，对所选物品的主要特点、制作方式、文化内涵等进行简要介绍，展现中国美、传递家乡情，并使用数码相机为物品拍摄一段视频。

（4）将拍摄的照片和视频导入计算机，进行必要的后期编辑与美工处理，制作成商品宣传素材（也可以直接在数码相机中制作），并面向班级或学校展示播放，最后将这些照片和视频统一存储在文件夹中备用。

【小组讨论】

（1）上述素材的拍摄效果、艺术表现、欣赏体验及创意实践等分别如何？该数码相机是否具备较好的拍摄品质和商业环境拍摄功能？

（2）当需要频繁拍摄各种物品或场景时，可以采取哪些方法延长拍摄时间和电池工作寿命，节约电能，减少电池损耗及废旧电池丢弃，进而实现绿色、环保拍摄？

【能力评价】

实训结束，完成下面实训能力评价表的填写。

"使用数码相机体验美学拍摄应用"实训能力评价表

实训任务	检查点	完成情况	出现的问题及解决措施
使用数码相机体验美学拍摄应用	★ 能够辨识数码相机的产品类型、外观特点和相关附件	□完成　□未完成	
	★ 熟悉数码相机的简单操作	□完成　□未完成	
	★ 能够根据实际场景拍摄静态照片和动态视频	□完成　□未完成	
	★ 熟悉数码相机的常用功能设置和后期编辑技巧	□完成　□未完成	
	★ 认识节能拍摄及电池保养对于环境保护的意义	□完成　□未完成	
	★ 体会数码摄影在现代数字化工作和商业推广中的作用，提升美学素养和审美品位	□完成　□未完成	

前沿动态　世界上最大的数码相机 /////////////////////////////

一直以来，人们都是通过肩扛手拿的方式，使用数码相机来拍摄各种人物景象。你是否想过使用数码相机来探索浩瀚而深邃的天空？有了这台数码相机，人类的梦想很快就能实现！

思考与实践

1. 数码相机分为哪几种类型？家庭爱好者和商业用户适合使用哪种数码相机？

2. 在选购数码相机时，应着重考虑数码相机的哪些性能指标？

3. 数码相机有哪些行业领导品牌？各自都有什么技术上的优势？

4. 数码相机与智能手机相比，在拍摄方面有什么区别？

5. 如何为企业的商品及活动拍摄选购合适的数码相机？

6. ▲【选做练习】课程主题实践活动之二

浓浓乡土味，悠悠家国情——我为家乡做代言

（活动方案详见"'大办公、大思政'课程主题实践活动方案"）

7. ▲【选做练习】课程主题实践活动之三

风景之美，人文之光——"大美校园"主题摄影评选活动

（活动方案详见"'大办公、大思政'课程主题实践活动方案"）

【素养寄语】

老张
有话说

　　爱美之心，人皆有之。美既是一种享受，也是一种力量，它向人们展现律动的生命、向善的信仰、激昂的斗志与坚毅的面貌。我们要善于发现美的事物，记录美的瞬间，进而创造美的生活。让我们一起感悟美的积蓄与沉淀，体验美的旷达与奔放，追求美的精益求精，集聚更多来自美的力量！

办公数据存储场景

/

职业情景导入

宣传活动结束后，公司需要对所拍摄的素材进行筛选、编辑与合成，制作安全、稳定且个性化的移动媒介，并通过多个市场渠道进行营销与推广。

老张：公司对我们的拍摄成果非常满意，现在我们要将具有特色与亮点的素材筛选出来，在经过后期处理后放入移动存储设备中，制作市场宣传媒介。

小燕：那要使用什么设备来完成制作呢？

老张：我们主要通过 U 盘存储和光盘刻录两种方式，制作带有公司 Logo 或吉祥物造型的专属媒介，用来在商务场合播放与展示，并赠予各类客户。此外，还需要使用移动硬盘存储活动中的相关资料，便于出差人员开展业务工作。

工作任务分析

本单元通过介绍移动存储设备和光存储设备的相关内容，帮助学生熟悉办公数据存储场景的职业特点与工作要求，树立数据安全意识及法治观念，养成规范的数据操作和管理习惯，安全、负责地使用数据，提高利用数据存储工具优化学习和工作的能力。

知识学习目标

- 了解办公数据存储设备的基本特点
- 熟悉办公数据存储设备的性能指标
- 熟悉办公数据存储设备的维护与选购策略

能力培养目标

- 能够辨识办公数据存储设备的基本构成
- 能够操作常见的办公数据存储设备
- 能够根据业务需要选购办公数据存储设备

价值塑造目标

- 培育精益求精、开拓创新的工匠精神
- 培养数字化应用的责任观与安全意识
- 树立基本的获取和使用数据的法治观念

实践场景六

办公数据存储场景

职业实践项目10　熟悉移动存储设备

☑ 项目概述

　　本项目以移动硬盘、U盘、闪存卡为例，简要介绍移动存储设备的常见类型、性能特点、保养与维护策略，以及品牌与产品等相关内容。

✔ 项目分析

　　本项目结合数据存储、介质制作和安全携带等业务需要，侧重讲解能够便捷式存储和使用数据的移动存储类办公设备，帮助学生掌握基本的学习思路和运用方法，达到举一反三、更好地进行实践的目标。

➡ 项目实施

　　可用作办公数据存储设备的介质有很多，除了作为核心存储设备的硬盘，还有不少外接型存储设备。常用的外接型存储设备包括移动存储设备和光存储设备两大类。移动存储设备是指具有读/写功能、携带方便、能在不同设备之间移动使用的存储介质，包括移动硬盘、U盘、闪存卡等。

任务 1　熟悉移动硬盘

移动硬盘可以被视作一种套上外壳的轻便型硬盘，既具备传统硬盘容量大、稳定性好、可靠性高等特点，也兼顾了安装简单、使用便捷的需要。

1. 移动硬盘的常见类型

根据内置硬盘的不同，可以将移动硬盘分为移动机械硬盘和移动固态硬盘两种类型。移动机械硬盘主要由外壳、电路板和笔记本硬盘等几部分构成；移动固态硬盘主要由外壳、密封隔离板、固态硬盘等几部分构成。图 10-1 和图 10-2 所示分别为移动机械硬盘与移动固态硬盘的基本构成。

图 10-1　移动机械硬盘的基本构成　　　图 10-2　移动固态硬盘的基本构成

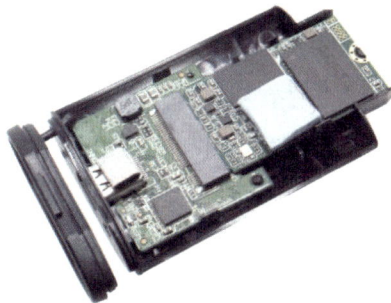

根据接口类型的不同，可以将移动硬盘分为有线式移动硬盘和无线式移动硬盘两种类型，其中有线式移动硬盘一般可以使用 USB、eSATA、Thunderbolt（雷电）、M.2 等接口。

根据硬盘尺寸的不同，可以将移动硬盘分为 3.5 英寸（桌面式）移动硬盘、2.5 英寸（便携式）移动硬盘、1.8 英寸（超便携式）移动硬盘等尺寸规格的产品。

• 3.5 英寸移动硬盘多用于台式计算机，具有容量大、速度快等优点，在存储能力和价格方面具备一定的优势，但体积和重量偏大，抗震性能不强。

• 2.5 英寸移动硬盘专为笔记本电脑设计，尺寸和体积都相对较小，稳定性和抗震能力比较强，价格也比较合理，是目前应用范围很广的移动硬盘。

• 1.8 英寸移动硬盘属于微型移动硬盘，尺寸和重量都已大幅度减小，稳定性和抗震能力也比较强，使用起来非常方便，但容量小，价格偏高，多用于高端存储设备。

图 10-3 ～图 10-5 所示分别为 1.8 英寸移动硬盘、2.5 英寸移动硬盘、3.5 英寸移动硬盘。

图 10-3　1.8 英寸移动硬盘　　　图 10-4　2.5 英寸移动硬盘　　　图 10-5　3.5 英寸移动硬盘

2．移动硬盘的性能特点

移动硬盘是一种性价比极高的便携式存储设备，能提供 1TB、2TB、3TB、4TB、5TB、8TB 及更大的存储空间。在接口方面，USB 3.0、USB 3.1、USB 3.2 已成为主流的接口规格，不少新产品开始逐渐与 USB 4.0、Thunderbolt、M.2 等接口对接。这不仅有效提高了大体积文件和大批量文件的传输效率，降低了移动硬盘的能耗，还很好地与其他设备实现了兼容。

在抗震性方面，2.5 英寸移动硬盘的主轴通常使用 FBD 液态轴承马达，可有效减小滚珠摩擦产生的噪音，降低温度。而"零接触"磁头启停和硅氧光盘的采用，也使移动硬盘在工作时和搬动过程中受损的几率大幅减小。随着 3D 动态吸震、重力感应硬盘保护等降低撞击损害技术的引入，移动硬盘已能够经受高度超过 2m 的坠落冲击，很好地提升了移动硬盘自身及数据的安全性。

此外，不少移动硬盘还提供了各种实用性功能，如自动备份、软件级或硬件级加密、自动节能模式调整、异构系统文件转换、Wi-Fi 无线连接、照片和视频一键上传等，对于数据保护要求较高或需频繁联网的用户非常有用。

【延伸阅读 1：什么是 USB 3.1 接口】

3．移动硬盘的保养与维护策略

移动硬盘属于比较精密的电子设备，由于常用来存放重要数据，因此在使用过程中要加强保护，避免移动硬盘损坏。

（1）移动硬盘应尽量少划分一些分区，一般以 2～3 个分区为宜。分区过多会延长读盘时间，增加移动硬盘的额外操作负担。

（2）在工作状态下不要强行将移动硬盘直接拔出，否则很容易造成磁盘坏道，影响数据的完整性。正确的方法是先弹出或删除移动硬盘的驱动图标，再拔出设备。拔出后也不要立即插入，最好先等待大约 5s 再进行操作。

（3）在潮湿而又炎热的夏季，要防止湿气和高温损害移动硬盘的电路系统。另外，尽量不要将移动硬盘靠近音箱、电机、家用电器等强磁场设备，以免其内部的存储介质被磁化而破坏数据。

（4）在使用移动硬盘时要轻拿、轻放，保持平稳，切勿摔打，严防高强度的震动和碰撞。无论何时，震动与撞击对移动硬盘的损害都非常大。

（5）移动硬盘在连接计算机后会一直保持高速运转状态，这不仅会消耗较多的电能（对笔记本电脑而言电能的消耗更多），还会大大缩短移动硬盘的使用寿命。因此，在用完之后应及时拔下移动硬盘，避免移动硬盘长时间空转。需要外出工作的用户也可选用节能型移动硬盘，根据使用需要对其闲置、待机、休眠等运行模式进行设置，保证移动硬盘处于良好的工作状态中，在延长移动硬盘使用寿命的同时，有效节约电能，实现绿色、环保存储。

4．移动硬盘的品牌与产品简介

市场上知名的移动硬盘品牌有希捷、西部数据、三星、东芝、忆捷、联想、日立、朗科、宇瞻、纽曼、威刚、爱国者、旅之星、威宝、飚王、创见等。这些老品牌厂商的研发和制造能力很强，生产的产品的性能和质量所积累的口碑都很好，并有 2 年、3 年、5 年或更长的质保期。

下面介绍两款适合户外及商务工作的移动硬盘。图 10-6 所示为三星 T7 Shield 移动固态硬盘；图 10-7 所示为西部数据 My Passport Ultra 移动机械硬盘。

图 10-6　三星 T7 Shield 移动固态硬盘　　图 10-7　西部数据 My Passport Ultra 移动机械硬盘

表 10-1 所示为三星 T7 Shield 移动固态硬盘和西部数据 My Passport Ultra 移动机械硬盘的主要配置。

表 10-1　两款适合户外及商务工作的移动硬盘的主要配置

	三星 T7 Shield 移动固态硬盘配置	西部数据 My Passport Ultra 移动机械硬盘配置
产品类型	移动固态硬盘	移动机械硬盘
硬盘尺寸	1.8 英寸	2.5 英寸
存储容量	1TB	5TB
读取速度	1050MB/s	130MB/s
接口	USB 3.2 Gen2×1	USB Type-C
其他功能	IP65 级防尘、防水，密码保护，3 米防摔，AES 256 位硬件加密	自动备份，密码保护，3 米防摔，AES 256 位硬件加密
质保服务	3 年有限质保	3 年有限质保

注：上述数据来源于市场信息，仅供参考。

使用移动硬盘体验便捷式存储应用

本实训任务将帮助学生认识移动硬盘的功能特点，使其熟悉数据的存储、传输，以及异地、跨设备携带和使用，体验现代信息化移动办公方式。

【操作步骤】

（1）准备一个移动硬盘，熟悉其品牌型号、产品类型、外壳材质、尺寸及接口规格等信息，感受其手感与重量，并查阅互联网资料，了解其主要的性能指标和附属功能。

（2）连接移动硬盘与台式计算机，查看移动硬盘的存储容量和分区格式。

（3）分别向移动硬盘中拷贝一个大体积文件（如 2GB 以上的高清视频文件）和若干个批量式文件（如几十个不同类型的文件），观察其数据写入速度。

（4）正确移除和拔出移动硬盘，并将其与另一台计算机连接（建议连接笔记本电脑或平板电脑），将上述文件从移动硬盘复制到计算机中，观察其数据读取速度。如果复制过程中出现卡顿、中断等问题，则分析其原因。

（5）尝试使用诸如加密、备份、密码保护、一键上传、节能模式等附属功能，以加密部分文件夹中的数据、设置文件的访问密码、自动开启闲置或休眠等环保模式，或者快速备份数据至云端专属空间，从而保障机密数据或个人隐私信息的存储安全。

（6）在正确拔出移动硬盘后，将其放入口袋或随身小包，观察是否便于携带。

【小组讨论】

（1）该移动硬盘的实际性能及传输稳定性表现如何？是否满足安全、可靠、快速备份、数据隐私保护、跨设备稳定使用等商用需求？

（2）在日常使用中，哪些数据不能私自拷贝、存储和分享？应如何规范操作数据，以避免由设备故障、人为删除、病毒破坏等导致的数据损坏或丢失？

【能力评价】

实训结束，完成下面实训能力评价表的填写。

"使用移动硬盘体验便捷式存储应用"实训能力评价表

实训任务	检查点	完成情况	出现的问题及解决措施
使用移动硬盘体验便捷式存储应用	★ 能够辨识移动硬盘的基本信息	□完成 □未完成	
	★ 熟悉移动硬盘的连接、拔出，以及数据读取与写入等操作	□完成 □未完成	
	★ 能够归纳、整理移动硬盘中的数据，并进行杀毒处理	□完成 □未完成	

续表

实训任务	检查点	完成情况	出现的问题及解决措施
使用移动硬盘体验便捷式存储应用	★ 熟悉移动硬盘的其他附属功能	□完成 □未完成	
	★ 初步养成"设备不用则拔出、细微之处见环保"的意识	□完成 □未完成	
	★ 体会大容量移动存储在现代商务办公和户外工作中的作用	□完成 □未完成	

【延伸阅读2：与数据获取、使用和安全保护相关的法律规定】

思考与实践

1．移动硬盘通常由哪些部件构成？

2．移动硬盘分为哪几种类型？普通办公和频繁出差的用户适合使用哪种设备？

3．结合表 10-1 中的配置信息，简述移动机械硬盘和移动固态硬盘各自有什么优势和不足。

4．在结束使用后，如何安全地拔出并重新插入移动硬盘？

5．尝试为一名专业动漫设计师挑选一款 1000 元以内、性价比较高且合适的移动硬盘（需存储原创作品），可参考表 10-1 中的配置信息。

任务2　熟悉 U 盘与闪存卡

U 盘即 USB 闪存盘，俗称"优盘"，具有体积小巧、携带方便、安全可靠性高、价格低等优点，其防潮、防尘、防高温、防电磁干扰和抗震能力也比较好。

1. U 盘的基本构成

U 盘的基本构成非常简单，主要包括 USB 主控芯片、闪存芯片和 USB 接口等几部分，如图 10-8 所示。

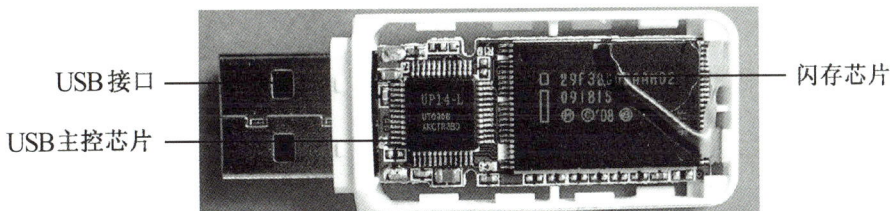

图 10-8　U 盘的基本构成

2．U 盘的功能特点

目前，市场上主流 U 盘的容量大多为 8GB、16GB、32GB、64GB、128GB 和 256GB，高端 U 盘的容量可达 512GB 和 1TB。USB 3.0 和 USB 3.1 已成为 U 盘的主流接口，部分主流 U 盘还支持 USB 3.2 和 USB Type-C 接口。

U 盘的外观风格和功能类型均多种多样，常见的有迷你型 U 盘、笔筒型 U 盘、卡通型 U 盘、创意型 U 盘、商务办公型 U 盘、固态型 U 盘、防水型 U 盘、杀毒型 U 盘、备份型 U 盘、手机型 U 盘、云存储型 U 盘等，注重个性化与定制化设计。为了增强实用性，很多 U 盘会内置多项专用功能，如隐私加密、病毒防护、系统启动、防水与防震、手机连接、数据备份、Wi-Fi 传输、云端存储、智能管理等，以满足各类用户的多样化使用需要。

图 10-9～图 10-11 所示分别为加密型 U 盘、无线闪存盘、全金属 U 盘。

图 10-9　加密型 U 盘　　　　图 10-10　无线闪存盘　　　　图 10-11　全金属 U 盘

3．U 盘的保养与维护策略

由于 U 盘平时拔插、读写及携带较为频繁，容易对设备的接口或内部元件造成损伤，因此在使用时需要多加注意。

（1）虽然 USB 接口支持热插拔，但热插拔并不等于随意插拔，尤其是当指示灯持续闪烁时，强行拔出对 U 盘的损害很大。

（2）减少碎片整理次数，延长 U 盘的使用寿命。

（3）当不使用 U 盘时，需要将其从计算机接口拔出，避免计算机在每次开机或者从休眠状态苏醒时都对 U 盘进行读取。

（4）随身携带的 U 盘不要和其他硬物混放在一起，以免发生摩擦、挤压，导致 U 盘物理受损或变形。

（5）避免阳光照射 U 盘，并将 U 盘远离热源和电磁辐射源。

4．U 盘的品牌与产品简介

市场上比较知名的 U 盘品牌有闪迪、台电、东芝、金士顿、爱国者、宇瞻、忆捷、朗科、联想、PNY、飚王、创见、威刚、胜创、恺侠、惠普等。这些较大的品牌厂商在工业设计、芯片质量、生产工艺方面都有很高的水准，可以保障 U 盘的品质，并提供 2 年、3 年、5 年不等的质保服务或终身保固的售后服务。

　　U 盘的相关型号非常多，其中比较热门的型号有台电骑士系列、台电极速系列、闪迪至尊高速系列、金士顿 DataTraveler 系列、东芝 TransMemory 系列、宇瞻 AH 系列、忆捷 U80 系列、PNY 金虎克系列、PNY 纽约双子盘系列等。

　　下面介绍两款 U 盘。图 10-12 所示为闪迪 CZ880 至尊超极速闪存盘；图 10-13 所示为惠普 X778W 创意型迷你 U 盘。

图 10-12　闪迪 CZ880 至尊超极速闪存盘　　图 10-13　惠普 X778W 创意型迷你 U 盘

　　表 10-2 所示为闪迪 CZ880 至尊超极速闪存盘和惠普 X778W 创意型迷你 U 盘的主要配置。

表 10-2　两款 U 盘的主要配置

	闪迪 CZ880 至尊超极速闪存盘配置	惠普 X778W 创意型迷你 U 盘配置
产品类型	加密型 U 盘	创意型迷你 U 盘
外壳材质	金属	硅胶
存储容量	128GB	128GB
数据传输速率	读取：420MB/s；写入：380MB/s	读取：90MB/s；写入：30MB/s
接口	USB 3.2 Gen2×1	USB 3.1
其他功能	具备防水、抗震特性，内置软件加密功能	甜美冰淇淋造型，设计小巧，具备防水、防撞特性
质保服务	有限终身质保	2 年全国联保

注：上述数据来源于市场信息，仅供参考。

5．认识闪存卡

　　闪存卡（Flash Card）是利用闪存技术来存储数据的卡片式微型存储器，体积非常小，一般用在数码相机、数码摄像机、智能手机、收音机、平板电脑、媒体播放器等数码设备中。根据所用设备的不同，可以将闪存卡分为 CF 卡、MMC 卡、SD 卡、SDHC 卡、SDXC 卡、Micro SD（TF）卡、XQD 卡、Wi-Fi 无线存储卡、MS 记忆棒等多种类型。

　　市场上比较知名的闪存卡品牌有闪迪、金士顿、威刚、东芝、PNY、索尼、宇瞻、三星、朗科、创见、金胜维、爱国者等。各品牌产品的售后质保期有 1 年、3 年、5 年、10 年、终身等多种档次。

随着闪存卡在容量、速度和安全性技术方面的成熟，以及各类数码电子产品的广泛应用，闪存卡的使用需求量越来越大。未来闪存卡将发挥出更大的作用，有望成为存储界的一支生力军。

图 10-14 所示为创见 U3X 系列 SD 闪存卡（64GB）；图 10-15 所示为闪迪至尊高速系列移动 microSDXC UHS-I 闪存卡（128GB）。

图 10-14　创见 U3X 系列 SD 闪存卡

图 10-15　闪迪至尊高速系列移动 microSDXC UHS-I 闪存卡

【延伸阅读 3：移动存储设备的选购策略】

课堂实训　使用 U 盘体验数据的随身携带及快速拷贝等应用

本实训任务将帮助学生认识 U 盘的功能特点，熟悉数据的随身携带、快速拷贝等应用，体验便捷、高效的随身工作方式。

【操作步骤】

（1）准备一个 U 盘，熟悉其品牌型号、产品类型、外壳材质及接口规格等信息，并查阅互联网资料，了解其主要的性能指标和附属功能。

（2）连接 U 盘与计算机，分别向 U 盘中拷贝一个大体积文件和若干个批量式文件，观察其数据写入速度。

（3）正确移除和拔出 U 盘，并将其与另一台计算机连接，将这些文件从 U 盘复制到计算机中，观察其数据读取速度。

（4）如果在复制过程出现过慢、卡顿、中断等问题，则进行初步排查。检查计算机的 USB 接口是否支持 U 盘的接口规格，并将 U 盘插到主机后侧的 USB 接口上。如果 U 盘之前已经出现过问题，则建议先将 U 盘格式化，之后进行资料的拷贝。

（5）尝试使用诸如加密、备份、云端存储等附带功能。

【小组讨论】

（1）该 U 盘的实际性能及传输稳定性表现如何？

（2）该 U 盘是否坚固、耐用、安全、可靠，并附带防丢失功能？

（3）该 U 盘是否适用于具有敏感资料拷贝需求的商用环境？

【能力评价】

实训结束，完成下面实训能力评价表的填写。

"使用 U 盘体验数据的随身携带及快速拷贝等应用"实训能力评价表

实训任务	检查点	完成情况	出现的问题及解决措施
使用 U 盘体验数据的随身携带及快速拷贝等应用	★ 能够辨识 U 盘的基本信息	□完成　□未完成	
	★ 熟悉正确使用 U 盘进行数据读取、写入、格式化等操作	□完成　□未完成	
	★ 能够分析和处理 U 盘使用过程中的简单问题	□完成　□未完成	
	★ 熟悉 U 盘的其他附属功能	□完成　□未完成	
	★ 体会便携式存储在现代商务办公和户外工作中的作用	□完成　□未完成	

前沿动态　**如行云流水一般传输数据的移动存储设备**

移动存储设备的数据存储总是要先连接计算机，再经过几个操作步骤才能完成。有没有办法让数据直接传输并存储到目标地址中呢？不妨试试这两个很酷的小设备。

思考与实践

1. U 盘有哪些常见的类型？

2. U 盘的哪些功能比较适合在商务环境中使用？

3. 方便起见，是否可以随时拔出 U 盘，或者长期将 U 盘与计算机连接？为什么？

4. 很多用户习惯将 U 盘挂在钥匙链上，这种做法是否可取？为什么？

5. 在互联网上查找一些与企业 Logo、吉祥物、特色产品等造型有关的创意型定制 U 盘，观察其在外观与功能设计上与普通 U 盘有什么区别。

职业实践项目 11　熟悉光存储设备

项目概述

本项目以刻录机与光盘为例，简要介绍光存储设备的基础知识、基本构成、常见类型、性能指标、保养与维护策略、品牌与产品，以及选购策略等相关内容。

项目分析

本项目结合数据刻录、介质制作、携带与播放等业务需要，侧重讲解能够永久性刻录、存储和高清播放的光存储设备，帮助学生掌握基本的学习思路和运用方法，达到举一反三、更好地进行实践的目标。

项目实施

光存储设备主要利用激光的照射，将计算机中的信息以二进制形式烧制在扁平且具有反射能力的光盘上，从而完成对信息的存储。计算机在读取光盘时，由于光盘表面的特殊介质层刻有凹凸不平的小坑，因此激光照射到上面将产生不同的反射信号，经过数制转换后，便可还原成计算机能够识别的数据。

光存储设备适合存储各种格式的数据，支持自动播放，可制作成音乐盘、电影盘、多媒体展示盘、系统启动盘、游戏盘和其他软件安装盘等，具有存储时间长、存储方便、能耗较低、受外界干扰小、数据不易被恶意删除、存储安全性高、环保特性较好等优点。由于能耗水平和稳定性能远优于传统电磁介质，并且能够有效减少工业垃圾的产生，因此光存储设备正在推动全社会的数据运算朝着绿色、节能的方向发展。

任务 1　熟悉刻录机

1. 光存储设备的基础知识

常用的光存储设备有光驱和刻录机两大类。

（1）光驱。

光驱即光盘驱动器，通常指的是只读型光驱（Read Only Memory，ROM），主要用于光盘的读取与播放。光驱包括多种类型，如用来播放音乐和音频的 CD 光驱（CD-ROM）、用来播放音频和影碟的 DVD 光驱（DVD-ROM）、可读取蓝光格式光盘的蓝光光驱（BD-ROM）等。光驱多用于计算机及车载播放、工业控制、个人随身娱乐、家庭影音播放等设备中。图 11-1 所示为内置型 DVD-ROM 只读式光驱。

（2）刻录机。

刻录机（Burner 或 Writer）是一种特殊的光驱型存储设备。除了能读取标准格式的光盘，刻录机还可将计算机中的数据烧制进光盘，这个存储过程被称为"刻录"或"烧录"（Burning）。目前，刻录机已成为信息存储和多媒体播放的标准设备之一。图 11-2 所示为外置型移动式 DVD 刻录机。

图 11-1　内置型 DVD-ROM 只读式光驱

图 11-2　外置型移动式 DVD 刻录机

2. 刻录机的基本构成

从外观上来看，刻录机主要包括外壳、控制面板、工作指示灯、光盘托架、开关键（弹出仓按钮）、强制弹出孔和输出接口等组件，而其内部的机械结构通常由主电路板、激光头组件、主轴电机、寻道电机、电路控制与处理系统、光电转换系统、数字信号解码器和导轨部件等构成。

【延伸阅读 1：刻录机的内部与外部构成】

3. 刻录机的常见类型

市场上常见的刻录机主要有 CD 刻录机、DVD 刻录机、COMBO 刻录机、蓝光刻录机等几种类型。

（1）CD 刻录机。

CD 刻录机用于读取和刻录 CD 光盘，但是无法读取和刻录 DVD 光盘，且刻录容量不大，一般只能刻录大约 700MB 的光盘数据。CD 刻录机拥有较好的播放品质，适合制作音乐和其他类型的音频光盘，常用在移动型播放器、个人随身娱乐设备、家庭音箱、影碟播放机、车载播放系统及工业设备中。

（2）DVD 刻录机。

DVD 刻录机是 CD 刻录机的后继产品，其主要优势是能读取和刻录 CD 光盘及 DVD 光盘，兼容性较好，刻录容量大于 4.7GB，是应用广泛的光存储设备。

DVD 刻录机的刻录标准尚未统一，业内目前存在两种主流的刻录规格，分别为 DVD+R/RW 规格与 DVD-R/RW 规格（详见"【电子活页章节 11】熟悉光盘"）。但是，上述两种规格互不兼容，不能通用。为解决这一问题，光磁设备厂商推出了能兼容这两种规格的双制式 DVD Dual 刻录机，很好地解决了光盘的兼容问题。

（3）COMBO 刻录机。

COMBO 俗称"康宝"，是一种集合了 CD 光驱、DVD 光驱和 CD 刻录机功能的"复合型一体化"设备。COMBO 刻录机既具备对 CD/DVD 光盘进行读取和播放的功能，又具备刻录 CD 光盘的功能，其曾因比较高的性价比而风靡一时。但由于 COMBO 刻录机不能刻录 DVD 光盘，在性能上也不如 DVD 刻录机好，因此近年来逐渐被更先进的刻录机所取代。

（4）蓝光刻录机。

蓝光刻录是新一代光存储技术标准，采用波长为 405nm 的蓝色激光（Blue Laser）和孔径为 0.85 的光圈，数据记录轨道间距为 0.32μm，明显小于 DVD 光驱（0.74μm）。另外，蓝光刻录机的读取速度比 DVD 刻录机快得多，并拥有对海量数据进行存储的能力。单面双层蓝光 DVD 光盘的容量可达 50GB，而双面双层蓝光 DVD 光盘的容量可达 100GB，甚至更大，适合制作和播放 BD、HD、Hi-Fi 等高清影音光盘。

蓝光刻录机还拥有先进的数据保护与防盗加密技术，通过 128 ～ 256bit AES 加密算法来定期更新光盘中的防盗加密密钥，让窃密者无法破解光盘。这项技术能有效解决光盘刻录面临的数据泄露与盗版泛滥问题，保护用户的敏感信息及正版影碟的知识产权不受非法侵害。

图 11-3 和图 11-4 所示分别为 DVD 刻录机的面板标识和蓝光刻录机的面板标识。

图 11-3　DVD 刻录机的面板标识

图 11-4　蓝光刻录机的面板标识

4．刻录机的性能指标

刻录机的运行性能主要取决于以下几项指标。

（1）读取与写入速度。

读取与写入速度是衡量刻录机性能的主要指标，包括数据读取速度和数据写入速度，后者是其中最为关键的性能参数。

刻录机常用的数据读取速度有 16x、32x、36x、40x、48x、52x、56x（x 指的是倍速）等，数据写入速度有 8x、16x、24x、32x、36x、48x 等。在执行刻录操作时，刻录机往往会自动测速和调速，把读取和写入速度调整到一个相对稳定的水平，以保证刻录的质量和光盘的安全性。

（2）高速缓存。

缓存（Cache）容量是决定刻录机性能的另一项关键指标。缓存即数据缓冲区，在进行刻录时所有数据都需要先读取到缓存中，之后由刻录机从缓存中调取数据并刻录到光盘上。这一过程必须是连续的，不能中断，否则将出现"Buffer Under Run"（缓存欠载运行）错误，最终导致刻录失败，甚至损坏光盘。

刻录机的缓存容量一般在 2MB 以上，高端刻录机可提供 8 ～ 16MB 缓存容量。刻录机的缓存容量越大，光盘刻录的效率和成功率就越高。

（3）平均寻道时间。

平均寻道时间是指刻录机搜索光盘中的某个数据扇区，并把目标数据读入缓存所花费的平均时间，单位是毫秒（ms）。平均寻道时间越短，刻录机的性能就越好。目前主流刻录机的平均寻道时间通常在 120ms 以内。

（4）进盘方式与结构。

刻录机采用何种方式吸进光盘关系着刻录的稳定性。刻录机的进盘方式包括托盘式和吸入式两种类型。

托盘式进盘方式利用刻录机的托盘来实现光盘的进仓与出仓。由于光盘的放置和取出都比较方便，因此大部分刻录机都采用这种进盘方式。但是托盘式刻录机容易把灰尘吸进刻录机内部，并黏附在激光头和其他敏感部件上，从而影响刻录机的读盘能力和使用寿命。

吸入式进盘方式把光盘直接插入刻录机，刻录机可自动吸入光盘。吸入式刻录机的密闭性和可靠性较好，支持垂直放置使用，不过光盘的更换操作较为烦琐。

图 11-5 所示为托盘式刻录机；图 11-6 所示为吸入式刻录机。

图 11-5　托盘式刻录机

图 11-6　吸入式刻录机

（5）受支持的光盘格式与刻录方式。

主流的刻录机通常支持 Audio CD、Photo CD、CD-I/MPEG、CD-EXTRA、CD-ROM/XA、I-TRAX CD、CD-RW CD、CD-UDF 等光盘格式，并支持整盘刻录、轨道刻录和多段刻录等刻录类型，同时可实现整盘一次写入（Disk At Once，DAO）、轨道一次写入（Track At Once，TAO）、区段一次写入（Session At Once，SAO）、多区段刻录（Multi Session，MS）和增量包刻录（Incremental Packet Writing，IPW）等刻录功能，能提高刻录机的兼容性，优化光盘刻录的效果。

（6）防刻死技术。

防刻死技术能有效解决由各种因素导致的刻录失败问题。常见的防刻死技术有 Burn Proof、Just Link、Seamless Link、Exaclink、SafeBurn、Super Link、Power Burn、Smart Clone、Lossless Link 等。刻录机通常都会借助防刻死技术降低刻坏光盘的几率，以节省光盘刻录的总成本。

【延伸阅读 2：值得考虑的刻录实用功能】

5．刻录机的保养与维护策略

刻录机（包括其他光驱）内置敏感度很高的光学部件。用户在使用的过程中要注意避免刻录机遭受外界的损害，尽量延长设备的使用寿命。

（1）避免频繁换盘。

光盘在进仓之后，激光头和主轴电机的功率会提升至最大值，而此时如果频繁地进仓和出仓则会加速光驱核心部件的老化。此外，用户不能强行用手将光盘托架推进仓门，这样会严重磨损机械部件，造成设备故障。

（2）做好防尘与清洁等维护工作。

光学部件最怕的就是灰尘污染，灰尘的进入会影响激光头的读盘质量和使用寿命。清洁的方法比较简单，在拆开光驱外壳后，可使用干净的棉签蘸取酒精并轻轻擦拭机械部件。对于激光头，可使用气囊吹掉上面的灰尘。图 11-7 所示为需要小心清洁的激光头部件（红色方框内的部件）。

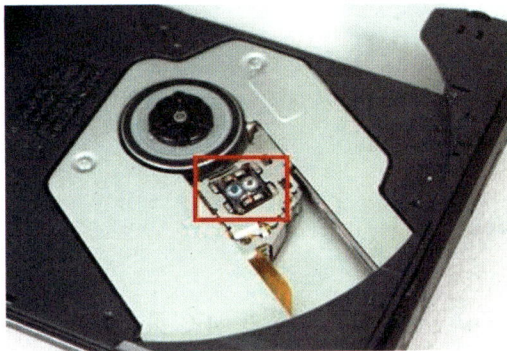

图 11-7　需要小心清洁的激光头部件

（3）注意防震保护。

光驱在工作时如果出现震动，则容易导致激光头损坏。建议选择抗震能力较强的光驱产品。另外，在安装光驱时，应该拧紧、拧平每一颗螺丝，平稳地固定光驱，避免光盘在旋转时因重心不平衡而损害激光头，同时减少光驱的震动。

（4）不要使用劣质光盘。

劣质光盘是光驱的大敌，它会迫使激光头反复读盘，加重激光头的负担，并加速机芯和激光管的老化，增加光驱出现故障的频率。使用劣质光盘对光驱来说是得不偿失的，用户最好选购质量过硬的合格光盘，并保持光盘盘面的整洁与干净，切勿带有杂质或刮痕。

6. 刻录机的品牌与产品

DVD 刻录机的生产厂商比较多，华硕、建兴、明基、宏碁、先锋、索尼、LG、三星、惠普、飞利浦、浦科特等都是业内的知名品牌。蓝光刻录机的知名品牌有华硕、建兴、先锋、LG、三星、索尼等。

虽然刻录机行业内的品牌众多，但此市场基本是由几个老品牌所主导的，包括以华硕和建兴为代表的中国品牌、以先锋和索尼为代表的日本品牌、以三星和 LG 为代表的韩国品牌等。这些行业知名品牌在刻录机的制造品质、读 / 写性能、刻录稳定性、数据安全性和光盘兼容性等方面都已积累了较好的口碑。

下面介绍两款蓝光刻录机。图 11-8 所示为先锋 BDR-S12UHT 内置型 4K 蓝光刻录机；图 11-9 所示为华硕 SBW-06D2X-U 外置型蓝光刻录机。

图 11-8　先锋 BDR-S12UHT 内置型

4K 蓝光刻录机

图 11-9　华硕 SBW-06D2X-U 外置型

蓝光刻录机

表 11-1 所示为先锋 BDR-S12UHT 内置型 4K 蓝光刻录机和华硕 SBW-06D2X-U 外置型蓝光刻录机的主要配置。

表 11-1　两款蓝光刻录机的主要配置

	先锋 BDR-S12UHT 内置型 4K 蓝光刻录机配置	华硕 SBW-06D2X-U 外置型蓝光刻录机
产品类型	蓝光刻录机	蓝光刻录机
安装方式	内置型（SATA 3.0 接口）	外置型（USB 2.0 接口）
缓存容量	4MB	2MB
进盘方式	托盘式	吸入式
读取速度	DVD-ROM　　最大 16x DVD-RAM　　最大 5x DVD±R　　　最大 16x DVD±RW　　最大 12x CD-R　　　　最大 40x CD-RW　　　最大 24x BD-R　　　　最大 10x BD-ROM　　 最大 12x	DVD-ROM　　最大 6x DVD-RAM　　最大 5x DVD±R　　　最大 8x DVD±RW　　最大 8x CD-R　　　　最大 24x CD-RW　　　最大 24x BD-R　　　　最大 6x BD-ROM　　 最大 6x
写入速度	DVD-RAM　　最大 5x DVD±R　　　最大 16x DVD±RW　　最大 8x CD-R　　　　最大 40x BD-R　　　　最大 16x M-Disk　　　 最大 8x	DVD-RAM　　最大 5x DVD±R　　　最大 8x DVD±RW　　最大 8x CD-R　　　　最大 24x CD-RW　　　最大 16x BD-R　　　　最大 6x
其他功能	透镜控制，蜂巢降噪，光盘共振抑制，光盘加密，支持 4K Ultra HD 蓝光格式，支持 4 层 128GB BDXL 超清蓝光盘和 M-Disk 千年盘等	光盘加密，一键刻录，支持 3D 蓝光影像，支持 5.1 多声道环绕立体声效，支持 4 层 128GB BDXL 超清蓝光盘等
质保服务	1 年全国联保	2 年全国联保

注：上述数据来源于市场信息，仅供参考。

电子活页章节 11

熟悉光盘

7. 刻录机与光盘的选购策略

光盘刻录在敏感数据备份、高品质多媒体展示及高清视听娱乐等场景中发挥了重要的作用。在选购刻录机时，用户不能只关注读盘与刻录的速度，缓存容量、稳定性、兼容性、耐用性和纠错能力同样非常重要。毕竟在刻录光盘时，稳定才是硬道理。

【延伸阅读 3：几种光盘的基本特点】

1）结合不同用户选购合适的刻录机与光盘

（1）企业用户和家庭用户。大多数企业用户和家庭用户的数据刻录量并不大，用户可购买支持一次性永久写入（带有 R 标识）的 DVD±R 刻录机和与之匹配的 DVD±R 光盘；如果所刻录的数据允许反复擦写与覆盖，则可选购支持多次写入（带有 RW 标识）的刻录机及光盘，以提高光盘的利用率；如果对刻录品质或数据保密性要求较高，则建议选购高性能的蓝光刻录机与大容量的蓝光光盘；如果需制作含 Logo 图案的宣传标记，则可考虑使用支持个性化盘面雕刻或印制功能的刻录机及光盘。

（2）音乐和视频制作爱好者。对于音乐和视频制作爱好者，制作 CD 光盘是必不可少的，这能让他们在计算机、影碟机、随身听和车载播放器等设备上欣赏音乐。而制作视频（尤其是电影）光盘则需要比较清晰与流畅的画质效果，因此蓝光刻录机是比较理想的选择。另外，光盘播放格式的兼容性也是一个需要注意的问题。

【延伸阅读 4：光雕和闪雕——个性化的光盘印刷技术】

2）选购刻录机与光盘的注意事项

目前，市场上普通刻录机和光盘的价格比较低。由于制造成本比较低、生产难度比较小，因此伪劣货、翻新货和返修货也比较多，用户在购买时需要仔细审视。

（1）选购刻录机的注意事项。

① 查看防伪标签。为打击假冒伪劣产品，主流的刻录机品牌一般都有自己的防伪标签，由中国质量检验协会统一制作，做工精细。撕开标签的表层，可以看到对应品牌厂商的专用查验电话。不少厂商还提供了统一的免费客服查验电话。品牌官网上也会专门开设防伪验证页面，用户可以输入产品序列号来查验真伪。

② 查看产品铭牌。正品刻录机一般会在其背面清晰地印制产品铭牌，说明该产品的制造地，并附有制造商名称、厂商详细地址、产品序列号和防伪条形码等信息。而假冒伪劣刻录机则往往没有详细的产品铭牌。

③ 查看面板工艺。正品刻录机的面板做工精细、字体清晰、有立体感。假冒伪劣刻录机的面板做工粗糙，且字体不清晰。

④ 查看系列编号。正品刻录机包装盒与机身上的产品序列号是完全一致的。假冒伪劣产品的这两个序列号往往对不上。

⑤ 查看代理商标签。正品刻录机在销售时都会贴上授权代理商标签，所有产品也都有各自的防伪标签，用户可以享受正规渠道的售后保障服务。假冒伪劣产品的包装上面大多没有授权代理商标签和防伪标签，有的甚至会贴上伪造的标签，这些标签上的代理商名称和防伪查询电话与真正的代理商并不相同。

（2）选购光盘的注意事项。

① 观察光盘的品相。在选购光盘时要注意观察光盘涂层面的颜色和完好程度。如果涂层面的颜色不均匀，则说明染料旋涂工艺不过关。而如果涂层面上有划痕、杂质、气泡等缺陷，特别是存在肉眼可见的物理伤痕，则会给刻录和以后的读盘带来极大的麻烦。此外，要谨慎购买价格过于低廉的光盘，尤其是对于高度重视数据存储的企业用户，最好选购一线品牌的高品质光盘。

② 选购合适的包装产品。

目前，市场上销售的光盘主要有 3 种包装形式。一种是散装，生产厂商一般会在每 50 片或 100 片光盘中加入 1 ～ 3 片保护卡，并使用塑料薄膜进行包装；另一种是圆形塑料布丁桶包装，大多为 25 片装、50 片装或 100 片装；还有一种是独立盒装，采用硬塑料盒进行独立包装，一般有单片装或双片装两种包装形式。

通常来说，盒装光盘的品质是最好的，但售价不低，用来存储具有高价值的敏感数据或商业资料比较合适。桶装和散装光盘的价格相对较低，更适合作为普通用户的刻录与制盘耗材。但是，桶装和散装盘片市场上充斥的假冒伪劣产品比较多。用户在选购时应查看包装图案和字迹是否印刷清晰，以及光盘是否有磨损的痕迹。

课堂实训

使用刻录机体验资料存储及展示应用

本实训任务将帮助学生认识刻录机及光盘的功能特点，熟悉文档的刻录与存储，以及宣传光盘的制作和播放，体验业务资料的光存储方式及展示应用。

【操作步骤】

（1）准备一个 DVD 刻录机及若干张空白 DVD 光盘，熟悉刻录机的品牌、类型、基本组成和安装方式，以及光盘的类型、产品信息和涂层面颜色。

（2）连接刻录机与计算机，在刻录机中放置一张空白光盘（注意手指不能触碰涂层面），通过计算机观察光盘实际可用的存储容量。

（3）找到职业实践项目 9 中"课堂实训"环节所拍摄的物品照片和宣传素材，将之拖曳至光盘中，使用 Windows 系统自带的光盘刻录功能进行刻录（也可另外安装专业刻录软件完成刻录），并将光盘命名为"特色产品宣传盘"，制作一张多媒体展示盘。

（4）制作完成后，测试该光盘能否正常播放，观察播放的清晰度和流畅度。

（5）观察光盘的剩余存储容量，可根据需要再次刻录其他多媒体素材。注意要充分利用光盘的剩余存储容量，以节约资源，减小废弃盘对环境的影响。

【小组讨论】

（1）该刻录机的实际性能、稳定性和刻录品质如何？是否达到了自动播放、清晰展示、舒适观赏的宣传效果？

（2）如果需要对存储着机密信息的光盘进行报废处理，则应如何安全处理该光盘，以避免机密信息泄露？

【能力评价】

实训结束，完成下面实训能力评价表的填写。

"使用刻录机体验资料存储及展示应用"实训能力评价表

实训任务	检查点	完成情况	出现的问题及解决措施
使用刻录机体验资料存储及展示应用	★ 能够辨识刻录机和刻录盘的基本信息	□完成 □未完成	
	★ 熟悉音频或视频资料的刻录，能够制作多媒体光盘	□完成 □未完成	
	★ 能够根据需要对光盘进行二次刻录，存储更多的资料	□完成 □未完成	
	★ 熟悉使用其他常用的刻录功能和光盘制作模式	□完成 □未完成	

续表

实训任务	检查点	完成情况	出现的问题及解决措施
使用刻录机体验资料存储及展示应用	★ 体会光存储方式对企业资料存储、宣传展示的作用	□完成　□未完成	
	★ 通过光盘的重复利用，养成节约资源、保护环境的意识	□完成　□未完成	

前沿动态　**小小的光盘，大大的"世界"** ///////////////////////////////

光盘，看似只有薄薄的一片，但在高清数字多媒体世界里，光盘却有你所不曾了解的广阔天地。

思考与实践

1. 光存储设备的工作原理是什么？

2. 光驱和刻录机分别包括哪几种类型？

3. 如何区分 DVD 刻录机与蓝光刻录机？

4. 衡量刻录机性能和质量的指标有哪些？

5. 光盘分为哪几种类型？

6. 怎样分辨刻录机与光盘的真伪？

【素养寄语】

老张有话说

　　黄金有价，数据无价。在当今数据爆炸的时代，数据安全保护已成为数字生活、数字办公乃至数字中国建设的一个关键环节。做好数据保护工作并不难，重要的不在于采用何种设备存储数据，而在于要养成基本的数据使用守法与自律观念、必要的数据安全保护意识，以及规范的数据操作与管理习惯。一次不起眼的备份操作，将来也许可以拯救一份宝贵的数据。

办公安全保障场景

/

职业情景导入

随着业务的快速推进，与项目相关的人员、设备与内部资料也不断增多，对办公设备稳定运行和隐私信息保护也提出了更高的要求。

老张　项目正在高速、紧张地运转，业务工作不能中断，敏感资料也不能泄露，这些都需要我们采取措施，做好保障性工作。

但是项目的各种资料和设备很多，应该如何保障呢？　**小燕**

老张　先对所需处理的业务资料进行评估，根据资料的敏感程度和处理数量采购碎纸机，再结合业务运作要求加装合适的 UPS 电源，保证重要办公设备的不间断运行，确保项目能够顺利、圆满结束。

工作任务分析

本单元通过介绍办公安全保障设备的相关内容，引导学生熟悉办公安全保障场景的职业特点与工作要求，提高对信息安全重要性的认知，树立信息保护意识，筑牢守法、自律及保密安全观，并能学以致用，防范因信息遭受非法窃取、恶意利用或断电丢失而造成的损害。

知识学习目标

- 了解办公安全保障设备的基本特点
- 熟悉办公安全保障设备的性能指标
- 熟悉办公安全保障设备的维护与选购策略

能力培养目标

- 能够辨识办公安全保障设备的基本构成
- 能够操作常见的办公安全保障设备
- 能够根据业务需要选购办公安全保障设备

价值塑造目标

- 涵养爱岗敬业、廉洁自律的职业精神
- 培养遵纪守法、克尽厥职的工作观念
- 树立强效保密、防范泄露的信息安全意识

实践场景七
办公安全保障场景

职业实践项目 12　熟悉办公安全保障设备

项目概述

　　本项目以文件安全销毁和设备不间断供电为目标，以碎纸机为例，简要介绍办公安全保障设备的基本构成、常见类型、性能指标、保养与维护策略，以及选购策略等相关知识。

项目分析

　　本项目结合办公业务的运转保障需要，侧重讲解一种用于快速销毁敏感资料、维持设备稳定供电的办公安全保障设备——碎纸机，帮助学生掌握基本的学习思路和运用方法，达到举一反三、更好地进行实践的目标。

项目实施

　　办公业务关系着企业的可持续发展大计，需要为各项工作事务提供安全、可靠的保障与支持，确保敏感的业务资料不会因处理不当而泄露，重要的业务数据不会因意外断电而丢失，为企业的稳定与持续发展保驾护航。

任务 1　熟悉碎纸机

　　碎纸机是一种用来销毁文件、票据、光盘、证件、卡片、磁带等媒介的办公安全保障设备，主要通过其内部相互咬合的旋转刀片将所放入的媒介切割成碎片，具有使用方便、销毁快捷、保密性强、无污染等特点。经过碎纸机粉碎后的废纸还能进行二次加工制造，有利于资源的循环再生利用。图 12-1 所示为传统的碎纸机；图 12-2 所示为能同时粉碎纸张和光盘的碎纸机。

图 12-1　传统的碎纸机

图 12-2　能同时粉碎纸张和光盘的碎纸机

1．碎纸机的基本构成

碎纸机通常由操作面板、电动马达、齿轮组、主板、切纸刀、碎纸箱等部分构成，其中电动马达和切纸刀是碎纸机的两大核心部件。在工作的过程中，电动马达带动皮带和齿轮旋转，进而驱动切纸刀进行循环转动，通过坚固、锋利的金属角将介质粉碎。

2．碎纸机的常见类型

碎纸机自问世以来，先后经历了 8 次升级改造，发展出了多元化、功能各异的设备，涵盖了从轻巧的充电式桌面机型到大容量的专业机型等各式产品。

市场上的碎纸机分为手摇式碎纸机和电动式碎纸机两种类型。手摇式碎纸机依靠人力驱动内部的切纸刀旋转，碎纸量小，保密性低，但携带方便，可随时随地使用，多用于处理敏感度较低的少量文件。图 12-3 所示为两款手摇式碎纸机。

图 12-3　两款手摇式碎纸机

电动式碎纸机通过电力驱动进行碎纸，又可分为桌面级碎纸机、桌边级碎纸机、部门级碎纸机、工业级碎纸机等几种类型。

桌面级碎纸机比较小巧与轻便，通过充电输出接口（直充）或 USB 接口充电，可单手拿起使用，但其入口较小，碎纸量不大，适合家庭、个人工作室和出差人员使用。

桌边级碎纸机以其高度不超过办公桌面为标准，进纸口一般只能通过 A4 幅面的纸张和标准光盘，经济性和适配性较强，适合大多数的家庭和办公室使用。

部门级碎纸机可通过 B4 以上幅面的纸张和较大的硬质媒介，碎纸量较大，比较耐用，支持长时间持续工作，适合碎纸需求量比较大的单位使用。

工业级碎纸机的体积较大，动力强劲，可"吞下"整叠纸张，还能快速粉碎证卡、塑料、皮革、有机胶片甚至较薄的金属片等媒介，多用于碎纸量大且具有特定需求的工作环境。

图 12-4 所示为桌面迷你型碎纸机；图 12-5 所示为大型工业级碎纸机。

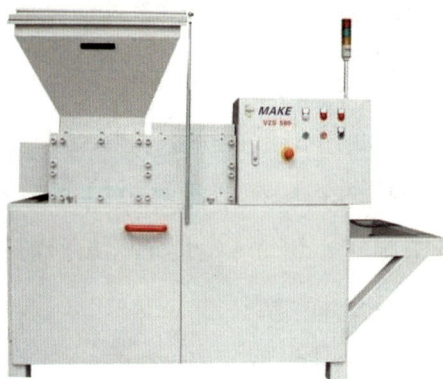

图 12-4　桌面迷你型碎纸机　　　　图 12-5　大型工业级碎纸机

3．碎纸机的性能指标

作为销毁机密文件的专用设备，碎纸机的工作性能主要受以下几项指标的影响。

（1）碎纸方式。

碎纸方式是指碎纸机销毁纸张所采用的方式。根据切纸刀的结构，常用的碎纸方式有 3 种类型，即条状切割型碎纸方式、段状切割型碎纸方式和粒状切割型碎纸方式；而根据处理手段的不同，又可进一步细分为条状、段状、粒状、丝状、粉末状等碎纸方式。

• 条状切割型碎纸方式：只进行纵向切割，处理后的纸屑呈细长条状。其切割方式单一，可能还原部分甚至整张文件，多用于手摇式碎纸机，价格普遍比较便宜。

• 段状切割型碎纸方式：在纵向切割的基础上，每隔一小段添加一次横向切割，切割后的纸屑面积比条状切割型碎纸方式更小。此种碎纸方式可安全处理带有敏感信息的纸张，目前应用率非常高。段状切割型碎纸机的价格也相对适中。

- 粒状切割型碎纸方式：横切间隔比段状切割型碎纸方式更短，碎纸效果更加精细（得到的纸屑如同米粒或粉末）。由于粉碎后的细小纸屑容易到处散落，因此可还原性极低，适合处理机密级、绝密级的文件，但其碎纸时间相对更长，碎纸机的售价也比较高。

图 12-6 所示为条状切割型碎纸方式；图 12-7 所示为粒状切割型碎纸方式。

图 12-6　条状切割型碎纸方式

图 12-7　粒状切割型碎纸方式

（2）碎纸效果。

碎纸效果是指纸张在经过粉碎处理后所形成的废纸大小，用横向长度×纵向长度来表示，单位是毫米（mm）。碎纸效果直接影响碎纸机的安全保密性。经过切割的废纸越小，其保密性就越好。通常，粉末状、粒状碎纸的保密性最强，段状碎纸的保密性次之，条状碎纸的保密性最弱。

（3）碎纸能力。

碎纸能力是指碎纸机能一次性处理的纸张数量（即进纸量）和纸张厚度。通常，主流碎纸机能一次性粉碎 5 张以上 A4 幅面的纸张，而大型专业级碎纸机能一次性处理 60 张以上 A4 幅面的纸张。需要注意的是，碎纸效果好的碎纸机，其碎纸能力相对差一些。图 12-8 所示为两款不同碎纸机所具备的碎纸能力示意。

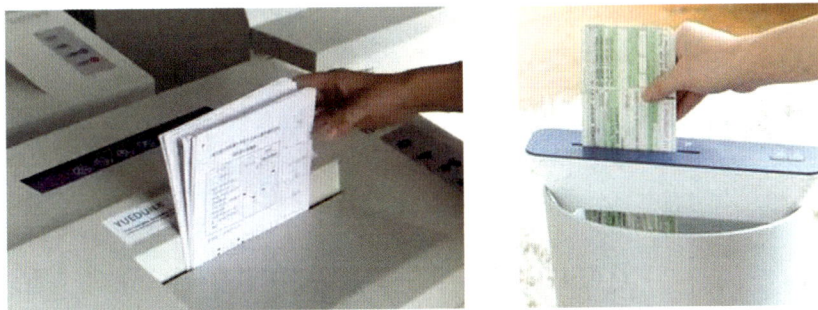

图 12-8　两款不同碎纸机所具备的碎纸能力示意

（4）碎纸宽度。

碎纸宽度是指碎纸机能容纳纸张进入并对其进行销毁的最大宽度。由于普通家庭和办公场所主要使用 A4 幅面的纸张（约 190mm），因此碎纸机的进纸口只需略大于纸张宽度即可。在放入纸张时，需要保证纸张与进纸口垂直，避免出现整行文字被保留下来和卡纸的问题。

5）碎纸速度

碎纸速度代表碎纸机销毁纸张或其他相关媒介的能力，一般用每分钟能处理的纸张总长度来表示，单位是米 / 分钟（m/min）。目前，主流碎纸机的碎纸速度通常为 2m/min。

6）连续碎纸时间

连续碎纸时间即碎纸时长，指的是碎纸机在满负荷状态下能稳定、连续碎纸的最长时间，代表碎纸机的持久工作能力。主流碎纸机一般可支持 10min 以上的连续碎纸时间。

7）保密等级

碎纸机的使命是保护机密信息，需要满足一定的保密等级要求，这是衡量碎纸机保密能力的关键指标。碎纸机的保密等级从高到低大致可分为碎粒级、碎段级、碎条级。

目前，我国主要参照德国 DIN 66399 文件销毁工业标准（已升级为欧盟文件销毁的工业标准）。该标准结合上述 3 类保密层级，对碎纸尺寸定义了 7 个安全保密等级。表 12-1 所示为不同保密等级的特点与应用。

表 12-1　不同保密等级的特点与应用

保密等级	销毁效果	碎纸图示	适用范围	应用
1 级	条状切割，一张 A4 幅面的纸张可被切割成约 18 条细纸（纸屑面积：≤ 2000mm²）		一般用于销毁说明书、名片、过期的普通文件等非敏感资料	保密性非常弱，可轻易复原文件，目前已被淘汰
2 级	条状切割，一张 A4 幅面的纸张可被切割成约 35 条细纸（纸屑面积：≤ 800mm²）		一般用于销毁说明书、名片、过期的普通文件等非敏感资料	保密性比较弱，通过专业技术可复原文件，目前使用得比较少
3 级	短段状切割，一张 A4 幅面的纸张可被粉碎成 195 片或更多碎片（纸屑面积：≤ 320mm²）		可用于销毁个人报表、商品订单、快递单据等敏感资料	能满足日常生活、生产和办公的文件保密要求，性价比高，使用较广，但仍可通过特殊设备复原文件

保密等级	销毁效果	碎纸图示	适用范围	应用
4级	碎段状切割，一张 A4 幅面的纸张可被粉碎成 390 片或更多碎片（纸屑面积：≤160mm²）		可用于销毁业务报表、发票单据、财务文件等商业秘密资料	保密性较强，粉碎速度较快，文件复原难度比较大，广泛应用于政企办公文件处理场合
5级	细粒状切割，一张 A4 幅面的纸张可被粉碎成 2079 片或更多碎片（纸屑面积：≤30mm²）		可用于销毁客户信息、交易记录、科研数据、原创作品、财务文件等机密资料	保密性强，文件复原难度大，但粉碎速度有所下降，多应用于保密性要求很高的政商环境
6级	米粒状切割，一张 A4 幅面的纸张可被粉碎成 6237 片或更多碎片（纸屑面积：≤10mm²）		可用于销毁知识产权文件、专利文件、核心竞争性文件等高价值机密资料	保密性非常强（碎片可小于米粒），粉碎后无法复原文件，适用于拥有核心机密文件的政企机要部门
7级	微粒状切割，一张 A4 幅面的纸张可被粉碎成 12474 片或更多碎片（纸屑面积：≤5mm²）		可用于销毁外交、军事、情报、决策、统考试卷等影响社会经济或国家安全级别的绝密资料	保密性极强（碎片可达粉末状），粉碎后不可能复原文件，适用于具有较强国内或国际影响力的政企单位

4．碎纸机的保养与维护策略

碎纸机是为了便捷式处理各类机密文件而产生的。由于其机械构造特殊，因此平时应注意安全使用，并做好必要的保养与维护。

（1）碎纸机内部的切纸刀精密且锐利。用户在操作时切勿将头发、衣角、胸卡、领带、证件牌等卷入进纸口，以免发生意外。

（2）在碎纸时，需将纸张垂直放入进纸口，放入前需检查纸张是否干燥、平整，并确保放入的纸张数量不超过碎纸机的额定碎纸量。图 12-9 所示为正确的放纸方式示意。

（3）如果文件、手册、信封、快递文件封、包装袋（盒）上粘贴了胶带、胶水、标签等黏性制品，则最好先将黏性制品剪下来，再将需要处理的文件、手册等放入碎纸口，否则会有较大可能黏住切纸刀，造成卡纸或设备死机，甚至会因马达过热而损坏部件。

（4）如果设备上未注明可粉碎光盘、证卡、塑料、金属等媒介，则不能擅自放入这些媒介，以免发生卡机、死机、部件损坏等问题。

（5）如果因放入纸张过多而导致机器卡死，则可使用反转功能将纸张退出，切勿使用蛮力将纸张扯出来，否则容易缩短碎纸机的使用寿命。

（6）在使用一段时间后，需要观察碎纸箱的废纸量。如果碎纸箱已装满，则需及时清理。注意要妥善倒出和运送废纸屑，避免扬起过多纸尘。

（7）在清洁碎纸机的外壳时，应先切断电源，用软布蘸上清洁剂或软性肥皂水轻轻擦拭，并防止液体流进机器内部。注意不可使用漂白粉、汽油或溶液刷洗碎纸机。对于长期使用的碎纸机，可使用专门的碎纸机润滑油或润滑纸，定期清洁、保养刀具及周边部件。

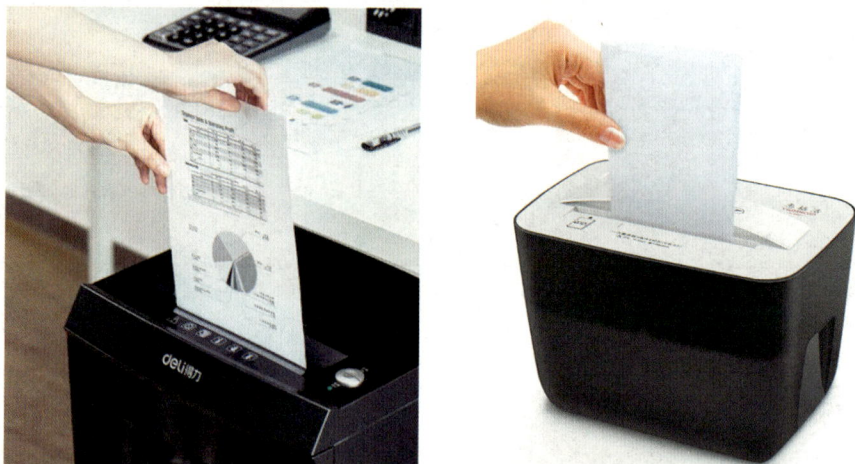

图 12-9   正确的放纸方式示意

5．碎纸机的选购策略

隐私信息保护的重要性自不待言。无论是商业文件、家庭材料还是个人的快递包装，在随意丢弃时难免会面临信息泄露、被人恶意利用的风险。碎纸机是人们安全处理各类文件的好帮手。面对市场上款式各异的碎纸机产品，用户可从以下几个方面来考虑并选购。

（1）根据保密要求选购。

碎纸机是伴随现代信息保密理念的出现而诞生并发展的，保密是其核心功能。用户在选购碎纸机时，应根据所需处理文件的敏感程度和所在单位的信息保密规定，确定能满足保密要求的碎纸方式（粒状、段状、条状等），以及基于相应碎纸方式的纸张粉碎颗粒大小（即碎纸效果），进而确定合适的保密等级。

（2）根据处理对象选购。

由于大多数碎纸机是为销毁纸张而设计的，包括打印纸、复印纸、纸片、纸条等，因此用户最好选购能满足办公常用纸张销毁要求且进纸口比较大的碎纸机。如果需要处理诸如揉成一团或多次折叠的不规则纸张，则可选购配备了进纸斗的碎纸机。而光盘、证件、卡片、软盘、录像带等特殊媒介的销毁则要求碎纸机具备相应的处理功能。

（3）根据刀具材质选购。

刀具是碎纸机的重要工作部件，包含切纸刀和传动机构两部分，通常由碳钢、锰钢、钨钢、氮化钢等材质制成。在淬炼时，特殊金属元素的加入能让切纸刀更加坚固与耐用，并有效降低刀片的磨损程度，避免刀片过早钝化。在材质性能方面，全金属材质的刀具可靠性、耐用性和传动效率高，远优于半金属材质刀具（即金属刀片＋塑料传动机构的组合），但价格较贵。

（4）根据处理效率选购。

处理效率决定了碎纸机的综合性能。碎纸机一次性能吞进并处理的纸张量（单位纸张量）是用户在选购时必须考虑的效率因素。通常来说，碎纸机的保密程度越高，其单次能处理的纸张量就越小，也就越能保证碎纸的保密效果。用户可先估算日常习惯处理的碎纸量（如一次性放入 5 页纸张），再选购比需求量大 30% 左右（如支持放入 8 页纸张）的碎纸机。

另一个需考虑的效率因素是碎纸速度。碎纸速度并非越快越好，此因素需要配合碎纸量来衡量。如果在碎纸量较小的情况下快速碎纸，则会出现碎纸卷曲、噪音变大、粉尘过多等问题，并加速部件老化。为了减少纸张放入次数，可优先考虑进纸量，在此基础上挑选碎纸速度相对较快、连续碎纸时间较长的产品。

（5）根据附加功能选购。

为了提高产品的竞争能力，不少碎纸机还会附带各种高级部件或功能。

• 超级组合刀具，可粉碎订书针、回形针、信用卡、IC 卡、皮革、金属片等硬物。

• 电子或红外感应进纸／退纸功能，支持全自动待机、停机与过载退纸。

• 在超温、过载、过热或满纸状态下，碎纸机自动开门与断电保护功能。

• 自动碎纸功能，可实现无人值守连续碎纸。

• 儿童安全锁，防止儿童由于误触而发生意外。

• 语音提示、开启信封、修削铅笔等便捷功能。

• 碎纸与空气净化集成功能，在碎纸的同时能过滤粉尘与甲醛，并通过内置的智能芯片调节和释放负离子，将碎纸机变身为一台空气净化器。

高级部件或功能的加入能让碎纸机的使用更加便利，产品也更加具有人性化特点。用户可按需选购合适的碎纸机。

（6）根据品牌和服务选购。

市场上知名度较高的碎纸机品牌有得力、科密、三木、盆景、晨光、金典、震旦、惠普、齐心、奥士达、歌派、碎乐、越都、英明仕、范罗士、隐密士、销密卫士等。一线品牌可提供优质的产品和售后服务，且一般能在当地提供完善的网点维修服务。

下面介绍两款适合高保密办公环境的商务办公型碎纸机配置方案。图 12-10 所示为得力 T603 商务办公型碎纸机；图 12-11 所示为科密 S-560 空气净化商务办公型碎纸机。

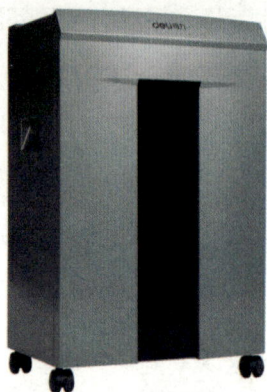

图 12-10　得力 T603 商务办公型碎纸机　　图 12-11　科密 S-560 空气净化商务办公型碎纸机

表 12-2 所示为得力 T603 商务办公型碎纸机和科密 S-560 空气净化商务办公型碎纸机的主要配置。

表 12-2　两款适合高保密办公环境的商务办公型碎纸机的主要配置

	得力 T603 商务办公型碎纸机配置	科密 S-560 空气净化商务办公型碎纸机配置
碎纸方式	条状、段状、粒状、丝状	粉末状
碎纸效果	2×15mm（米粒级）	1×2mm（粉末级）
碎纸能力	10 张／次	10 张／次
碎纸速度	2m/min	3m/min
连续碎纸时间	60 min	30 min
保密等级	5 级	7 级
碎纸箱容积	20 L	20 L
其他功能	氮化钢刀，智能过热保护，红外智能入纸，涡轮散热，可粉碎光盘、卡片等	碎纸与净化一体式设计，氮化钢刀，AI 智能芯片，三重空气净化，可去除甲醛、粉尘、PM2.5，可粉碎光盘、卡片、书针等
质保服务	1 年全国联保	2 年全国联保

注：上述数据来源于市场信息，仅供参考。

课堂实训 ★ 　　　　　　　　　**使用碎纸机体验资料的安全销毁**

本实训任务将帮助学生认识碎纸机的功能特点，熟悉文件的销毁和清理，体验业务资料的高效、保密及环保化处理。

【操作步骤】

（1）准备一台碎纸机，熟悉碎纸机的品牌、类型、基本构成及主要配置。

（2）垂直放入一张使用过的 A4 幅面的纸张，观察该碎纸机的碎纸方式及碎纸效果。在粉碎后的废纸中，观察用肉眼是否仍可辨识较多的文档内容，是否还可拼接与还原该文档。注意避免长发、衣角、证件卡等的卷入。

（3）将 3～5 张 A4 幅面的纸张叠在一起垂直放入碎纸机，观察其碎纸速度、碎纸效果与单张碎纸相比是否有所不同。

（4）查看碎纸机是否还支持其他碎纸方式，是否可粉碎光盘、卡片、塑料等硬质媒介，如果支持则尝试使用相关的功能。

（5）观察碎纸箱的废纸容量，必要时可拉出碎纸箱清理废纸。注意动作不要过大，避免扬起过多粉尘（可佩戴口罩操作），并将废纸装袋处理。

【小组讨论】

（1）该碎纸机的碎纸性能和碎纸效果是否能满足企业对销毁机密文件的保密性要求？

（2）在日常生活和工作中应如何提高信息安全保护意识？如何避免个人隐私信息或单位机密信息被非法窃取？

（3）粉碎后的碎纸屑可采用哪些低碳方式来处理，以践行生态环境保护、资源循环利用的绿色办公理念？

【能力评价】

实训结束，完成下面实训能力评价表的填写。

"使用碎纸机体验资料的安全销毁"实训能力评价表

实训任务	检查点	完成情况	出现的问题及解决措施
使用碎纸机体验资料的安全销毁	★ 能够辨识碎纸机的品牌、类型、基本构成、主要配置等基本信息	□完成　□未完成	
	★ 熟悉常规碎纸机的碎纸操作，具备基本的安全使用意识	□完成　□未完成	
	★ 能够根据需要安全销毁单张和多张标准规格的文件资料	□完成　□未完成	

续表

实训任务	检查点	完成情况	出现的问题及解决措施
使用碎纸机体验资料的安全销毁	★ 能够规范清理碎纸箱中的废纸屑，树立环境保护意识	□完成　□未完成	
	★ 体会使用碎纸机销毁文件对隐私信息保护和资源循环利用的意义	□完成　□未完成	

思考与实践

1. 碎纸机有哪些常见的类型？

2. 碎纸机通常可采用哪些碎纸方式？哪种碎纸方式的保密效果最好？哪种方式的保密效果相对较差？

3. 在碎纸时应如何放入纸张？如果放入不正确或一次性放入过多纸张，则可能出现什么问题？

4. 碎纸机在什么情况下可粉碎光盘、证卡等硬物？如果强行将这些硬物放入碎纸机的进纸口，则会有什么隐患？

5. 衡量碎纸机的安全性能一般会参考哪几种保密等级？对于一家动漫设计公司，适合采用哪个级别的碎纸机？

电子活页章节 12

熟悉 UPS 电源

【素养寄语】

老张
有话说

　　信息的保密工作非常重要。作为信息社会中的成员，我们需要树立信息保密意识，牢筑安全与保密观念，时刻防范私密信息通过网络、纸张等媒介被非法窃取和利用。当然，也要避免重要的设备由于意外断电而损坏！

数智化办公综合实践场景

职业情景导入

经过全公司人员的共同努力，项目取得了圆满成功。公司也在项目实施的过程中革新了经营理念，将"绿色""创新""可持续发展"等理念融入企业的文化基因。作为公司信息化建设的领路人，老张决定对办公信息设施进行信创与绿色改造，践行公司的核心发展理念。

老张　　绿色是企业健康发展的保障，创新是企业屹立不倒的灵魂，可持续动力是企业永葆青春的源泉。我们要先行、先试，为公司打造更好的业务发展平台。

我也有这样的想法！我们应建设低碳、智能、安全的信息化办公平台。　**小燕**

老张　　你说得对！新的办公信息体系将能更好地推动节能减排，助力公司绿色转型，赋能业务创新，实现安全可控、绿色低碳的发展愿景！

工作任务分析

本单元通过规划与部署基于自主创新、数智融合、低碳环保的数智化办公业务系统，体验线上与线下混合式办公，帮助学生熟悉绿色、创新与可持续发展的基本理念及应用场景，并能运用于生活及工作中，共同建设绿色低碳、节能减排、安全可控的创新型数字化国家。

知识学习目标

- 了解可持续发展理念的内涵与要求
- 了解绿色低碳和节能减排的远景目标
- 熟悉信息技术应用创新（信创）的基本概念

能力培养目标

- 能够初步规划小型的数智化办公业务系统
- 能够根据实际条件运用信创技术和产品
- 能够自觉践行绿色、创新与可持续发展理念

价值塑造目标

- 培养自主创新和安全可控的信息观
- 涵养人与自然和谐共生的生态意识
- 通过实践厚植爱国情怀，砥砺强国之志

数智化办公综合实践场景

职业实践项目13 搭建数智化办公业务系统

项目概述

本项目以某企业真实的办公自动化（Office Automation，OA）系统升级改造项目为蓝本，以主人公小燕的活动为视角，全景式地展示一个融入绿色低碳与信息技术应用创新（信创）概念的数智化办公业务系统的规划与部署，并在此基础上体验混合式办公，可提升学生对现代信息化办公应用的体验感。

项目分析

本项目以"自主创新""绿色节能""碳中和"等核心理念为背景，结合国家技术创新与可持续发展战略，从企业实际项目实践入手，建设具有安全可控、低碳环保、数智融合管理特点的数智化办公业务系统，并基于该系统创设线上与线下混合式办公应用场景，旨在帮助学生掌握基本的学习思路和运用方法，达到举一反三、更好地进行实践的目标。

项目实施

一方面，随着科技的快速发展，人们对设备和建筑的需求量也在急剧增加，这在很大程度上增加了温室气体的排放量，对环境也施加了更大的压力。另一方面，数据与网络安全在我国数字经济中的重要性日益凸显。因此，低碳节能、自主创新、安全可控是我国信息产业发展的必经之路。在新的时代背景下，越来越多承担社会责任的企业开始实施相关的信息技术应用改革，为共创与共享美好生活而不断地开拓创新。

> **【延伸阅读 1：温室效应控制的远景目标——**
> **　　　碳达峰与碳中和】**

任务 1　规划与部署数智化办公业务系统

数智化办公业务系统是老张所在公司处理办公事务的运作中枢，也是全公司用户覆盖范围最广、管理设备最多、使用频率最高的内部系统。考虑到涉及服务器、软件系统、终端设备、保障设备、能源管理设备等一系列信息基础设施，老张决定从数字化和智能化（即数智化）运营目标入手，结合基于办公空间节能减排理念的绿色建筑规范，具体规划数智化办公业务系统的建设方案，并进行分步、分阶段部署。

1. 数智化办公业务系统的建设思路

在项目启动伊始，老张拟定了 3 个建设原则，以更好地指导项目的实施。

（1）稳步替代原则。

充分利用和发挥现有信息设施的运作价值，并对部分设施进行整合与优化，在确保数智化办公业务系统稳定性的前提下，逐步淘汰老旧、故障较多或不能满足核心业务运营需求的软 / 硬件设施，由性能优异、可控性强、智慧化程度较高的信创或行业代表性产品来替代，从而夯实数智化建设的基础，稳步推进数智化办公业务系统建设。

（2）平滑过渡原则。

设计、开发满足基础数据格式、工作流参数、对象一致性等要求的兼容性接口，与原有系统功能实现无缝对接。完成系统切换后，针对可能出现的数据统计与查询问题，做好系统兼容性与数据完整性校验，并进行数据库更新。此外，还需对数据库进行全量备份，便于在后期实施过程中出现数据异常时，能够迅速进行数据恢复。

（3）区域部署原则。

根据数智化、安全可控、绿色节能等方面的建设要求，结合数智化办公业务系统的运营特点，将办公信息设施区域划分为 4 个部门，分别为数据中心、文印中心、能效中心、终端平台，并分区域配置和部署所需软/硬件，实施模块建设、统一运营。表 13-1 所示为办公信息设施区域各部门承担的功能和预期建设目标。

表 13-1　办公信息设施区域各部门承担的功能和预期建设目标

部门	承担的功能	预期建设目标	建设期限 / 目标达成时间
数据中心	监测、管控、维护公司数智化办公业务系统和运营体系	智能化管理，自动化运维，可视化监控，一体化支撑，数据安全可控，减排和降耗	8 个月
文印中心	集中处理公司文档，统一存储与管理文档数据，销毁机密文件	网络化管理，敏感数据安全可控，机密文件高保密销毁及登记管理，智能监测耗材使用量，减排、降耗、环保	5 个月
能效中心	监控自发电、能源供应、能源消耗，以及碳排放	数字化管理，自动化运维，360°可视化监控，虚拟仿真场景构建，AI 智能调节，能源循环利用	12 个月
终端平台	将办公、设计、开发、生产、运营等终端环节接入数智化办公业务系统	数字化管理，设备安全可控，混合式办公协同，应用跨设备兼容，文件无障碍共享，沉浸式产品设计与生产监测	10 个月
项目整体预期目标		核心业务系统至少有 30% 实现数智化；信创产品或国产行业代表性应用覆盖率至少达到 10%；减排率和降耗率均超过 5%	14 个月（含测试）
公司运营远景目标		核心业务系统实现全流程数智化运营；主要业务环节信创产品或国产行业代表性应用全覆盖	2030 年
		主体建筑、办公空间、信息设施实现"碳中和"	2035 年

图 13-1 所示为办公信息设施区域中各部门的结构关系及核心功能属性。

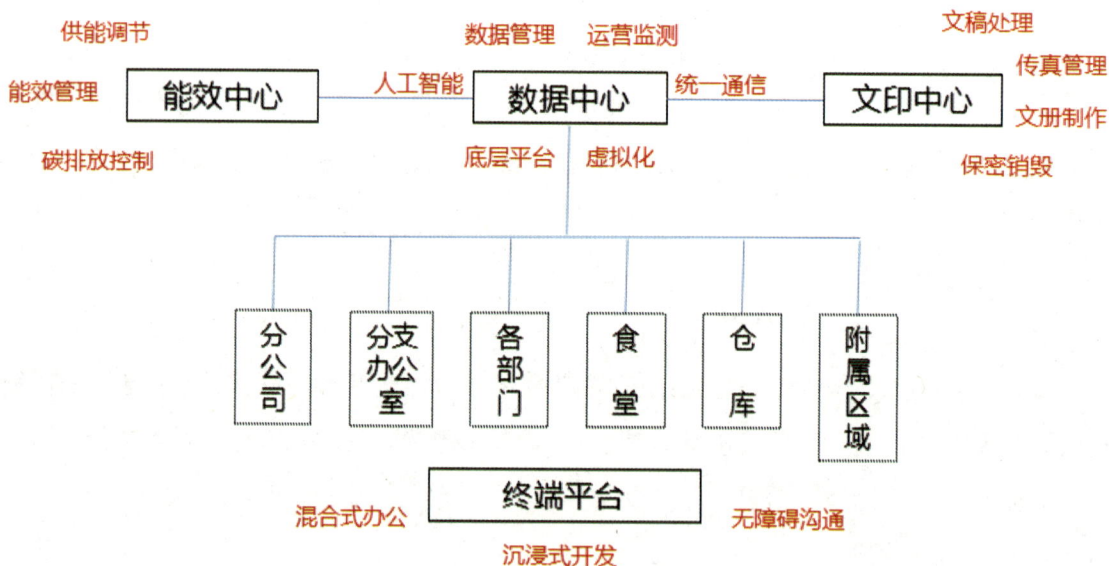

图 13-1　办公信息设施区域中各部门的结构关系及核心功能属性

2．规划办公信息设施区域

针对办公信息设施区域各部门发挥的不同作用，结合原有的 IT 基础设施，详细划分并整合各部门所承担的核心功能，根据业务增长趋势配置相应的软 / 硬件设备与设施，并优先选用能满足业务发展要求的信创产品或国产行业代表性应用。表 13-2 所示为办公信息设施区域整体规划。

表 13-2　办公信息设施区域整体规划

部门	主要设施	信创产品或国产行业代表性应用	数量	功能特性及用途
数据中心	服务器	联想 ThinkSystem SR658H（搭配海光 7151 处理器）*	4 台	文档管理、办公协作、数据存储、在线会议、电子审签、生产运营、工作流管理，AI 自动化监测与分析，供能调节与控制，虚拟环境搭建，业务数据后台管理，数据库主备双活切换等
		华为 TaiShan 200（搭配鲲鹏 920 处理器）*	2 台	
	操作系统	银河麒麟 V10 SP1 服务器操作系统 *	6 套	
	数据库	达梦 DM8 *	2 套	
	办公平台	WPS 数字办公企业版 *、WPS 文档中台 *	1 套	在线协作、共享编辑、公文处理、云端存储、数据检索、安全管控、跨设备应用、文档与业务系统集成
	智能监控	海康威视 DS-96256N 网络硬盘录像机 #	1 套	接入高清摄像头，智能侦测重点区域的人员进入与离开、物品拿取、环境异常等情况，并实施联动处理
	后备供电	山特 3C3 在线式 UPS 电源（定制电池组）#	1 套	为办公信息设施区域内的各部门提供后备供电支持
文印中心	数码复合机	奔图 CM8505DN 彩色多功能数码复合机（A3）*	1 台	为全公司提供网络高速打印、复印、扫描等文档处理服务（支持国产和 Windows 双系统无障碍切换打印）。复合机附带自动装订、打孔、折页等文件制册功能
	彩色多功能一体机	奔图 CM9505DN 彩色激光多功能一体机（A3）*	1 台	
	黑白多功能一体机	奔图 BM5155ADN 黑白激光多功能一体机（A4）*	1 台	
	部门用多功能一体机	得力 DCM24ADN 彩色激光多功能一体机（A4）*	5 台	用于位置分散的办公区域，实现共享使用，接入文印中心网络管理
	传真系统	EastFax 电子传真服务器 *	1 套	自动处理、签章、审核、发送文件，适配麒麟、统信 UOS 等国产系统
	大型碎纸机	得力 SE675 保密商用碎纸机（7 级保密，50L）#	1 台	保密性强，碎纸效果和碎纸速度优异，用于快速、批量、安全销毁公司的机密资料，包括文件、光盘、证卡等
	中型碎纸机	科密 C-968 保密商用碎纸机（5 级保密，32L）#	1 台	
	辅助工具	保险箱、切纸机、胶装机、塑封机、重型订书机、各类纸张耗材等	若干	用于临时存放敏感资料，制作相关的文档、宣传册、培训资料等

续表

部门	主要设施	信创产品或国产行业代表性应用	数量	功能特性及用途
能效中心	智慧办公空间管理系统	远景 EnOSTM 智能物联系统#、远景方舟碳管理系统#、江森自控 OpenBlue 智慧建筑管理系统、微软 Azure 智能云平台；分布式光伏发电系统、分布式储能系统（融合部署）	定制开发与部署	智能预约和分配办公空间，引导办公空间路线，合理调节办公资源的共享使用
	智慧供能控制管理系统			供能控制，利用光伏发电和储能，调节电能的使用
	智慧节能监测管理系统			云平台 AI 数据同步分析，构建 360° 可视化场景，实时监测与优化能耗，避免因无人使用而造成的浪费
终端平台	笔记本电脑	联想昭阳 N4620Z 商务笔记本 *	15 台	采用麒麟 V10 系统，支持国产与 Windows 10 双系统使用，实现移动办公的可控管理
	台式计算机	联想开天 M639T 国产商用台式机 *	15 台	采用国产软 / 硬件系统，实现办公业务的稳定性、可控性及协同性
	办公一体机	华为 MateStation X（28 英寸 4K 触控屏）#	10 台	内置华为分享功能，实现文件跨设备互传和多设备协同办公
	平板电脑	华为 MatePad Pro 二合一平板电脑 #	10 台	采用鸿蒙系统，支持智慧多窗，实现与 PC 双屏协同及跨系统可控传输
	VR 头盔	Arpara 5K VR 头盔 #	5 台	结合业务系统构建混合现实场景，实现沉浸式会议和办公协同，以及产品沉浸式建模、设计、开发和展示
	MR 眼镜	微软 HoloLens 2 MR 混合现实一体式全息眼镜	3 台	
	会议平板	华为办公宝会议协作平板（86 英寸，4K 屏）#	1 台	实现与台式计算机、智能手机的跨设备协作、互动展示及智能云会议

注：带 * 标识为信创产品，带 # 标识为国产行业代表性应用。

3. 准备生产环境与部署核心办公信息设施

根据以上方案，分部门准备生产环境，并部署核心办公信息设施。

（1）扩建数据中心。

由于原数据中心无法容纳更多的大型设备，因此将数据中心周边空间纳入其中，对它们进行合并与扩建，并根据最新建设标准和行业规范升级改造，上线新的机柜系统、IT 设备、网络系统和能源管理设备，对接业务系统和办公平台，迁移业务数据。

（2）增设文印中心。

增设独立、宽敞的文印中心，采用清新、敞亮、透明化的创意进行装修设计，高度体现企业的文化内涵与发展愿景。合理布置办公设备、办公家具和辅助物品，设置相应的准入使用、安全管理和保密处理措施，并通过良好的通风、吸尘、除味等功能设计，实现绿色、低污染的文印环境。

（3）融合能效管理。

　　结合智慧办公空间管理系统、智慧供能控制管理系统、智慧节能监测管理系统，接入并部署光伏发电、供能、储能、节能、降碳、减排等能源管理模块，将公司所有建筑空间的能效监测、调节和控制功能纳入数据中心，实现融合化、一体化运营管理。图 13-2 所示为某企业采用的数据中心环境监测及能效分析一体化运营平台界面。

图 13-2　某企业采用的数据中心环境监测及能效分析一体化运营平台界面

　　（4）过渡终端业务。

　　选取部分业务场景，上线先进的终端办公设备，开发虚拟仿真类应用，实施基于虚拟仿真技术的会议、设计、生产流程等过渡性业务试用程序，检测过渡期业务运行情况及相关数据，并及时对出现的问题进行反馈、修正与完善。

4. 适配终端平台兼容运行

按照 IT 内部测试、部分开放测试、公司全网测试的测试流程,组织公司本部、下属分公司、分支办公室及供应链合作伙伴等多方人员开展跨系统、跨设备、跨场景运行测试,提升系统对终端信息设施的适配性。针对出现的问题,进行相应的兼容性和匹配性改进,保障办公业务系统的顺利上线和高效运行。

任务 2　体验线上与线下混合式办公

本任务创设一个线上与线下混合式办公应用场景,以小燕的一次临时工作任务处理过程为例,在"任务 1"搭建的数智化办公业务系统基础上,简单介绍现代企业混合式办公的应用特点和相应的支撑平台,以此培养学生的职场交流能力、团队协作能力、技术应用能力、节能环保意识及创新发展观念。跟随小燕的成长脚步,学生能够综合运用所学基本知识,未来可用于相关岗位的工作实践。

1. 小燕的一次混合式办公经历

(1)周末临时工作处理场景。

一个周日的傍晚,小燕正在小区跑步锻炼,这时口袋中的手机传来了提示铃声,原来是市场部赵经理的视频会议请求。小燕找到一处相对安静的地方,开始与赵经理进行视频通话。

赵经理:你好小燕!很抱歉周末打扰你。市场部正在做一个比较急的项目,需要一名懂业务的信息部人员协助。信息部张经理由于出差而抽不开身,他向我推荐了你,不知你是否能参与这个项目?

小燕:没问题,我会尽我所能协助您的工作。

赵经理:那太好了!我先和你简单说明项目的内容和要求,再把项目的主要文档发送到你的邮箱。稍后我会邀请你加入项目工作组,你可以在数智化办公业务系统上查看项目的团队成员和工作进度。

小燕:好的,我会尽快跟进!

结束通话后,小燕使用手机登录公司的数智化办公业务系统,浏览了邮箱和工作组中的相关内容,并通过邮件和内部即时通信工具回复了项目组成员的工作消息,对该项目有了初步的了解。

当天晚上,小燕通过家里的台式计算机再次登录数智化办公业务系统,查看了项目涉及的数据报表、产品图片、活动视频等多媒体资料。小燕根据所负责的具体事宜,通知团队成员于周一上午 10:00 召开一次项目启动会议，并向数智化办公业务系统申请预定了一间小型会议室。此外，小燕还制作了一份简明的项目计划表，用于指导自己未来几天的工作开展。

（2）上班时段工作处理场景。

第二天（周一）早上 9:00，小燕骑行到达公司所在大厦，通过智能身份识别后，来到工位开始一天的工作。数智化办公业务系统自动将前一天更新的资料和数据同步到小燕的台式计算机中，小燕可以接着之前的内容立刻开始后续工作。

上午 9:50，数智化办公业务系统发来会议提醒。根据系统提供的路线指引，小燕来到位于楼下两层的预定房间，经面部身份验证后进入会议室。这时室内自动开启了灯光、空调、加湿器、会议平板、饮用水系统，并自动调节到合适的温度和湿度。随后，小燕使用平板电脑进入视频会议系统。除了公司本部的负责人员，还有几位身处不同时区的项目组成员也连线参与本次会议。

会议开始后，小燕通过手指划动的方式，将自己平板电脑中的文档和图片投屏到会议平板中展示，并进行具体说明。这些文档也被同步到数智化办公业务系统中，与其他项目资料进行合并及更新。在会议中，项目组成员直接对相关资料进行编辑，输入各类数据，经 AI 后台处理后形成新的可视化图表和趋势分析报告。这是一次成功的团队线上协作会议，很好地增强了团队的凝聚力，让团队成员之间的关系更加紧密了。

上午 11:30，小燕接收了一份涉及核心研发数据的机密级内部纸质文件。在按流程处理完毕后，小燕来到文印中心，先使用数码复合机将文件扫描成安全电子文档，再通过一键传真功能将之加密、上传至传真系统，并自动发送到指定负责人的邮箱中。随后，小燕将这份机密文件放入 7 级高保密型碎纸机中进行安全销毁。

（3）午间休息生活服务场景。

中午 12:15，小燕来到公司食堂吃午餐。点好餐后，小燕和同事在食堂角落的一张空餐椅处坐下。这时，附近的空调通风口自动感应并出风。吃完午餐后，小燕进入公司的休息区，将手机放在充电桌上，系统自动对手机进行无线充电。随后小燕半躺在椭圆形的休息椅上小憩，戴上耳机，系统自动播放小燕喜欢的歌曲。

（4）混合现实会议协作场景。

下午 15:30，小燕按照系统通知来到头脑风暴会议室，参加由市场部和信息部联合召开的原型产品仿真体验会议。小燕戴上 MR 眼镜，通过开发平台体验原型产品的功能特点和使用方法，并与分公司的项目组成员进行原型产品线上互动体验。针对原型产品存在的一些不足，小燕还提出了自己的看法和改进建议。

在进行反馈交流时，小燕感觉有点冷，于是将卷起的衣袖放了下来。系统监测到小燕的体感变化，自动调整了空调的温度和风速，维持相对舒适的室内环境。

（5）户外休闲工作处理场景。

下午 17:30，结束了当天的主要工作任务后，小燕和同事来到公司附近的球场打羽毛球，放松身心。这时赵经理发来视频会议，展示了当前项目的相关成果，以及部分需要小燕确认的信息。赵经理特别指出，小燕所展现出来的优秀的逻辑思考能力、业务组织能力和沟通表达能力让项目团队成员印象深刻，赵经理也给予小燕很高的评价，并期望小燕能在项目组中发挥更大的作用。

使用手机处理完工作后，小燕在明媚的阳光下深深吸了一口气，一种从未有过的自信感油然而生。她坚信，自己的未来一定会和她的球技一样越来越好！

2．混合式办公场景的系统支持

在上述各个场景中，小燕能够高效、快速、直观地处理多项事务，也享受到了便捷、舒适、贴心的员工服务。这一切以强大的数智化办公业务系统为支持。表 13-3 所示为本例中混合式办公场景所对应的后台支持系统。

表 13-3　本例中混合式办公场景所对应的后台支持系统

场景	时间	地点	事务内容	后台支持系统
周末临时工作处理场景	周日晚上	小区内	接到临时工作任务，并进行前期处理	办公平台，邮件系统，在线会议系统，智慧办公空间管理系统等
上班时段工作处理场景	周一上午	公司办公区、会议室、文印中心	处理日常办公事务，跟进项目工作，召开线上会议，处理机密文件	办公平台，邮件系统，加密传真系统，在线会议系统，AI 商业分析平台，智慧办公空间管理系统，智慧供能控制系统等
午间休息生活服务场景	周一中午	公司食堂、休息区	吃午餐，午休	智慧供能控制系统，无线充电系统，休闲娱乐管理系统，人体舒适度管理系统等
混合现实会议协作场景	周一下午	公司会议室	参加原型产品仿真互动体验会议	仿真研发系统，虚拟建模平台，智慧供能控制系统等
户外休闲工作处理场景	周一下午	球场	休闲运动间隙处理工作事务	办公平台，邮件系统，在线会议系统等

可以看到，基于数智化办公业务系统的数据中心平台会根据小燕所处的位置与使用需求，监测并提供系统后台对接支持，帮助小燕快速地接入相应的业务模块，从而将企业、家庭、户外公共场所等各类空间无缝连接起来，让工作与生活融为一体。在小燕上班的大厦，建筑已变得越来越有"温度"，感知随处可在，沟通没有障碍，即使平凡的工作也能创造出难以估量的价值。

放眼世界，这一切已悄然发生，数智化时代正在到来。当生活被"数字"改变，万物被"智慧"连接，信息被"安全"守护，城市被"绿色"唤醒，数字中国、美丽中国亦在向生活于其中的人们踏步走来。

> **【延伸阅读 2：中国有能力也有信心如期实现"碳达峰"目标**

探索体验"数智"与绿色生活

社会实训体验活动

由老师组织一次基于专业课程知识的社会实训体验活动，引导学生从课堂走进社会，探寻信息技术创新应用、节能减排、减少浪费的内蕴与意义，并从自身角度进行思考，如何助力国家实现"碳达峰""碳中和"目标，为共创与共享绿色低碳、安全可控、"数智"相伴的美好生活环境做出力所能及的贡献。

【实践过程】

第一阶段：主题信息归纳（课前收集与整理材料）。

（1）了解学校和个人所用设备配置有哪些国产的软/硬件应用，如芯片、操作系统、数据库、办公软件、行业软件、办公设备、网络设备等。

（2）了解所在学校和住宅区在门禁、照明、监控、考勤、供暖、供冷、办公系统、教务系统等方面是否具备了数字化、智能化管理的相关特征，思考这些设施是否很好地提升了学习与生活的便利性和效率。

（3）了解所生活的地区有哪些高污染、高能耗、高排放的设施与设备，思考其对环境造成了哪些较大的危害（如空气、水、土壤等方面）。

（4）了解所在学校和住宅区是否开展了节能减排、减少浪费等方面的宣传与培训活动，实施了哪些管理制度和指导措施，产生了什么样的效果。

第二阶段：课堂探索研讨（课中小组研讨）。

（1）结合近年来国内外有关网络攻击、信息泄露、高科技打压等事件，简述采用具有自主核心技术的国产软/硬件产品有什么现实意义。

（2）结合你所了解的校内学习、实训及办公平台设施条件，谈谈实际情况与你所期望的数智化教学和办公场景还有哪些差距，可以从哪些方面进行升级改造。建议制作一份简要的改造清单进行说明。

（3）根据国家"碳达峰""碳中和"目标，简述在你所生活的地区有哪些设施与设备应该重点控制碳排放、污染排放及化石能源消耗。另外，在自己的能力范围内又该如何减少个人碳排放和污染物品丢弃。

（4）讨论与评估日常生活中的资源消耗情况，填写统计表，提出可行的节能减排措施（见表13-4），以降低水电、燃气、食品、日用品、办公耗材等资源的消耗量，控制过度消费，进而达到减少碳排放及资源浪费的绿色生活目标（分组讨论，个人填写）。

表13-4　日常生活中的资源消耗统计及节能减排措施

资源名称	月度大概支出费用	存在哪些浪费现象	可采取的节能减排和减少浪费措施
单位或家庭用水	＿＿＿＿元	1.＿＿＿＿＿＿＿＿ 2.＿＿＿＿＿＿＿＿ 3.＿＿＿＿＿＿＿＿ 4.＿＿＿＿＿＿＿＿	1.＿＿＿＿＿＿＿＿＿＿＿ 2.＿＿＿＿＿＿＿＿＿＿＿ 3.＿＿＿＿＿＿＿＿＿＿＿ 4.＿＿＿＿＿＿＿＿＿＿＿
单位或家庭用电	＿＿＿＿元	1.＿＿＿＿＿＿＿＿ 2.＿＿＿＿＿＿＿＿ 3.＿＿＿＿＿＿＿＿ 4.＿＿＿＿＿＿＿＿	1.＿＿＿＿＿＿＿＿＿＿＿ 2.＿＿＿＿＿＿＿＿＿＿＿ 3.＿＿＿＿＿＿＿＿＿＿＿ 4.＿＿＿＿＿＿＿＿＿＿＿
家庭或个人食品（含零食）	＿＿＿＿元	1.＿＿＿＿＿＿＿＿ 2.＿＿＿＿＿＿＿＿ 3.＿＿＿＿＿＿＿＿ 4.＿＿＿＿＿＿＿＿	1.＿＿＿＿＿＿＿＿＿＿＿ 2.＿＿＿＿＿＿＿＿＿＿＿ 3.＿＿＿＿＿＿＿＿＿＿＿ 4.＿＿＿＿＿＿＿＿＿＿＿
个人日用品（含电子产品、快递等）	＿＿＿＿元	1.＿＿＿＿＿＿＿＿ 2.＿＿＿＿＿＿＿＿ 3.＿＿＿＿＿＿＿＿ 4.＿＿＿＿＿＿＿＿	1.＿＿＿＿＿＿＿＿＿＿＿ 2.＿＿＿＿＿＿＿＿＿＿＿ 3.＿＿＿＿＿＿＿＿＿＿＿ 4.＿＿＿＿＿＿＿＿＿＿＿
学习或办公耗材	＿＿＿＿元	1.＿＿＿＿＿＿＿＿ 2.＿＿＿＿＿＿＿＿ 3.＿＿＿＿＿＿＿＿ 4.＿＿＿＿＿＿＿＿	1.＿＿＿＿＿＿＿＿＿＿＿ 2.＿＿＿＿＿＿＿＿＿＿＿ 3.＿＿＿＿＿＿＿＿＿＿＿ 4.＿＿＿＿＿＿＿＿＿＿＿

第三阶段：社会实训体验（课后综合实训）。

▲【选做练习】课程主题实践活动之四

"随手关电一小步，节能减排一大步"——记录我们的绿色生活足迹

（活动方案详见"'大办公、大思政'课程主题实践活动方案"）

【能力评价】

实践结束，完成下面实训能力评价表的填写。

"探索体验'数智'与绿色生活"实训能力评价表

实训任务	检查点	完成情况	出现的问题及解决措施
探索体验"数智"与绿色生活	★ 了解数字化、智能化信息设施的基本特征及相关应用领域	□完成　□未完成	
	★ 了解信创及国产应用的主要特点与代表性产品	□完成　□未完成	
	★ 了解"碳达峰""碳中和"的基本概念，以及国家降碳减排的远景目标	□完成　□未完成	
	★ 初步熟悉基于绿色低碳、安全可控的数智化办公系统的规划与部署	□完成　□未完成	
	★ 能够运用各类台式、移动式计算设备及软件系统，开展线上与线下混合式办公或学习	□完成　□未完成	
	★ 体会节能减排、减少浪费对于国家长远发展及人民幸福生活的现实意义，并能自觉付诸实践	□完成　□未完成	

思考与实践

1. 查阅互联网资料，了解目前我国在计算机、智能手机、信息安全、网络通信等科技领域拥有哪些知名度较高的国产信息技术软/硬件产品，请列举具有代表性的产品。

2. 通过互联网查找几款信创或国产计算机、打印机、复印机等办公设备，查看其性能配置与主要功能，并与学校现有设备进行比较，简述两者有何不同。

3. 目前，国家重点发展哪些清洁能源和可再生能源？你所在的学校、单位、住宅区是否采用了这些绿色能源？

4. 观察日常所用设施与设备是否提供能耗标识（如1级能耗、2级能耗等），评估其能耗控制水平如何，是否属于绿色节能产品。

5. 根据个人生活、学习、出行等具体情况，制定若干个节约能源、减少碳排放、控制资源浪费等"绿色"、可行的方案，坚持执行一段时间（可请小组同学或家人监督），期间进行量化记录，然后评估这些方案所产生的效果，是否还有改进、完善的地方。

6. 检查平时使用计算机、智能手机等终端设备的行为习惯，是否存在泄露个人及他人隐私信息等安全隐患（如随意登录、点击、上传、分享、丢弃等行为），并有针对性地采取相应措施来防范信息泄露。

7. ▲【选做练习】线上与线下混合式学习综合实践：综合运用台式计算机、笔记本电脑、平板电脑、智能手机等设备，以及 QQ、微信、钉钉、腾讯会议、OA 系统等主流的软件，开展线上与线下混合式学习（如网课与课堂授课相结合、居家作业与课堂评改相结合等），并在小组或班级内部分享自己的学习心得。

【素养寄语】

老张
有话说

　　我们在对经验教训的总结中可以发现，关键核心技术的研发不能寄希望在别人身上，必须靠自己去创造，吃饭的家伙要牢牢抓在中国人自己的手里。安全可控、可信赖，这是我们的技术发展目标。我国是一个负责任的大国，一直在努力践行绿色低碳与可持续发展理念，既要开创金山银山，也要守护绿水青山。放眼未来，我国必然会朝着更加富强、美丽、现代化的方向发展！

"大办公、大思政"
课程主题实践活动方案

课程主题实践活动之一　预见未来不一样的自己

——良好行为（职业）意识养成与心理健康建设

【实践目标】

在当下学会规划未来的自己，在未来能够成就更好的自己。

【实践环节】

从学校实训条件与实际环境出发，运用"职业实践项目 2"中的相关知识，开展促进个人良好行为意识的养成、坚定品德意志的锤炼，以及远大职业志向的培养的实践活动。可围绕以下 3 个方面来进行实践。

（1）正确、合理使用环境设施——良好行为意识的养成。

根据教室、实训室、办公室、会议室等场所的环境特点，了解各类公共设施的使用方法、维护要点及安全注意事项，熟悉相应的管理和安全规章制度，知悉违规使用公共设施可能造成的负面影响，体验职业环境的规范与安全管理。

（2）锻造一颗强大的心脏——坚定品德意志的锤炼。

回顾近期在学习、生活、工作等方面遇到的困难或挫折（如让你产生恐惧、焦虑、逃避、抗拒等情绪但又必须解决的问题），选择一个你感觉合适的时间和环境，尝试在纸上详细写下问题的根源、令你产生负面情绪的原因、主观或客观存在的困难等，并通过心理暗示、寻求合作等方法来排解、调适阻碍自己前进的负面情绪，直到能够坦然面对问题，同时积极探寻解决问题的路径。

（3）立鸿鹄之志，做奋斗青年——远大职业志向的培养。

通过上网查阅资料、考察周边企业、询问从业人员等方式，了解我国在信息化、数字化应用领域的发展水平和用人需求，坚定前进的决心和信心，坚信未来在国家新型数字化建设大潮中能够发挥自身的价值。同时，客观评估自己的兴趣、特长、性格、技能与思维方式，尝试选择一个适合自己的职业方向，设定3～5年的职业发展目标，并围绕这个目标不断学习与努力，丰富知识，提升能力，在现阶段的学习和未来的工作中实现自己的人生价值。

【实践总结】

请简述本次活动带给你的体会与收获。

课程主题实践活动之二　浓浓乡土味，悠悠家国情

——我为家乡做代言

根据学校的实际条件，由本学期开设本门课程的相关班级统一组织，在专业科组或学校内举办一次特色产品展示活动。

【实践目标】

传播家乡特色，展现家乡风貌，感受祖国风情。

【实践环节】

（1）展示活动所用产品的准备。

由班级师生自愿提供自己家乡的特色产品，如农产品、手工艺品、民族传统产品或其他体现家乡特点的产品等。可食用产品需遵守食品安全管理的相关规定，经学校批准之后方能参与活动。

"职业实践项目9"中所使用的各类产品及所拍摄的素材也可以一并参与本次展示活动。

（2）代言人的遴选。

通过自我推荐、小组推荐或教师推荐的方式，遴选若干名学生代表，担任对应展位的家乡代言人职务。代言人需要提前了解自己家乡及周边地区的基本风土人情，熟

悉产品的主要特点和制作方式，挖掘产品背后蕴涵的历史典故、人文风貌、文化意义等信息，并了解产品所具有的与行业、产业相关的特点。可准备相应的文案资料。

（3）活动展区的布置。

如果参加活动的人比较多，则可在操场、田径场、舞台等室外场所举办本次活动。

如果活动规模不大，则可在会议厅、报告厅、多媒体教室等室内场所举办本次活动。运用"职业实践项目 7"中投影机的相关知识，对参展产品及其配套素材进行投影、播放与展示。

（4）产品的推介与文化交流。

在活动开始之后，各展位代言人向前来参加活动的师生介绍产品的特色，结合各种图片、视频等素材，讲述产品背后的故事，展现家乡风貌。根据场地情况可以单独设立产品体验区，邀请师生进行产品的试用体验，交流感受和见解，促进家乡产品和家乡情怀的传播。如果条件允许，则可向部分师生赠送相关产品。

另外，根据学校的实际情况，也可以将本次活动举办为一次特色产品义卖活动。针对各类产品的特点，为其设定合理的价格，以班级或学校名义捐赠义卖所得款项，为公益事业贡献力量。让学生在参与校园公益活动的过程中，真切地感受到公益事业的可贵，自发形成乐于助人、互助互爱的精神品格。

（5）活动成果的制作与展示。

本次活动可综合运用"职业实践项目 9"中影像摄制设备的相关知识，根据实际条件使用数码相机或智能手机拍摄活动过程中的精彩瞬间，并配以相应的文案解说，在进行必要的后期编辑后制作成视频。

此外，运用"职业实践项目 5"中办公打印设备的相关知识，使用喷墨打印机或激光打印机，将所拍摄的部分活动精彩画面打印出来。也可配上封面，制作成软质或硬质相册。

以上有关活动成果的数字素材可上传至学校门户网站或微信公众号中，纸质素材可在学校或专业科组的展示区域陈列，见证并记录学校发展，以及师生成长的历程。

【实践总结】

请简述本次活动带给你的体会与收获。

课程主题实践活动之三　风景之美，人文之光

——"大美校园"主题摄影评选活动

参照"大美校园"摄影作品征集活动的相关要求，组织一次主题摄影评选活动。

【实践目标】

记录校园内的"美"景，描绘职业教育的"美"图。

【实践环节】

（1）以"大美校园"为主题，以小组为单位，运用"职业实践项目9"中介绍的影像摄制设备的相关知识，任课老师（或班主任）组织学生寻找合适的人物、风景、建筑或事件，使用数码相机或智能手机拍摄一组校园景物、师生活动或教育变迁的照片。

（2）根据照片的拍摄效果和主题特色筛选出品质较优的作品，并附上思想突出、情感真挚的文字。所选作品应能在方寸之间回顾职业教育的历史足迹，彰显职业教育的当下成果，眺望职业教育的发展远景。

（3）将各小组的优秀作品汇总并组合成一本数字相册，或运用"职业实践项目5"中办公打印设备的相关知识，使用喷墨打印机或激光打印机，将优秀作品打印并制作成彩色纸质相册。

（4）根据实际条件，可在班级、专业科组或学校内举办"大美校园"主题摄影及文案作品评选活动，并将获奖作品上传至学校门户网站或微信公众号中，展现当代师生的人文底蕴，描绘职业教育的美好蓝图。

【实践总结】

请简述本次活动带给你的体会与收获。

课程主题实践活动之四 "随手关电一小步，节能减排一大步"

——记录我们的绿色生活足迹（主题社会实践活动）

2022年夏季，我国长江流域遭遇高温和干旱，部分地区因水位下降而导致发电量大幅降低。广大人民群众发扬团结互助、舍小我而为大我的精神，乐观而坚强地克服

种种困难。很多人积极响应国家号召，采取各种措施节约能源，为保障社会正常用电而努力。

对普通人而言，小小的用电习惯和节能意识可以体现出良好的文明风貌。

【实践目标】

养成节约能源的良好习惯，共创绿色美好生活。

【实践环节】

（1）以小组为单位，以一个星期或一个月为周期，观察教室、宿舍、实训室等场所内的设备（包括电灯、电扇、空调、计算机、办公设备、实验设备等）是否存在人走不关电、长时间空转等问题。如果存在上述问题，则及时进行记录，并视具体情况决定是否帮忙切断电源或正确关闭设备。请务必遵守相关管理规定和安全操作规范，不可强行操作。

（2）实践活动周期结束后，各小组进行主题研讨，小组成员简述各自的实践情况，建议用文字、图表、照片、视频等形式展现。可从以下几个方面进行说明：①发现的问题类型及次数；②问题出现的场所及情况描述；③是否已帮助处理；④有何改进措施；⑤个人的收获与体会等。

（3）每个小组推选一名代表（也可由教师抽选代表），在课堂上分享本次实践活动的所见所闻，介绍在实践活动中节约能源的经验方法，并以"节能减排保民生，随手关电促文明"为中心思想，提出自己对本次实践活动的见解。

（4）在活动完成度较好的学生中抽选一名代表，谈谈对"碳达峰""碳中和"目标的认知，描述自己理想中的绿色低碳生活是什么样子的，以及我们应该如何实现这样的美好生活。

（5）根据实际条件，将本次活动举办为全校性质的实践活动，可围绕上述主题增加演讲、辩论、作品（包括书法作品、绘画作品、摄影作品）展等环节，并进行线上与线下相结合的宣传与推广，促进绿色低碳办公和生活理念走进千家万户，成为人们日常行动中自觉遵守的理念。

【实践总结】

请简述本次活动带给你的体会与收获。

【拓展知识】
信息化办公行业相关的
职业技能标准

- 办公设备类职业技能标准
1. 《办公设备维修工国家职业技能标准（2021 年版）》
2. 《计算机维修工国家职业技能标准（2021 年版）》
3. 《信息通信网络终端维修员国家职业技能标准》
4. 《智能终端应用维修师职业能力等级评价标准（试行稿）》
- 办公软件类职业技能等级标准
1. 《WPS 办公应用职业技能等级标准（2021 年 2.0 版）》

反侵权盗版声明

电子工业出版社依法对本作品享有专有出版权。任何未经权利人书面许可，复制、销售或通过信息网络传播本作品的行为；歪曲、篡改、剽窃本作品的行为，均违反《中华人民共和国著作权法》，其行为人应承担相应的民事责任和行政责任，构成犯罪的，将被依法追究刑事责任。

为了维护市场秩序，保护权利人的合法权益，我社将依法查处和打击侵权盗版的单位和个人。欢迎社会各界人士积极举报侵权盗版行为，本社将奖励举报有功人员，并保证举报人的信息不被泄露。

举报电话：（010）88254396；（010）88258888

传　　真：（010）88254397

E - m a i l：dbqq@phei.com.cn

通信地址：北京市万寿路 173 信箱

　　　　　电子工业出版社总编办公室

邮　　编：100036